書物の変

グーグルベルグの時代

Minato Chihiro

港 千尋

せりか書房

書物の変　グーグルベルグの時代　目次

はじめに

書物の変

　その晩、プラハの街は騒然としていた。一九八九年一一月下旬の身を切る寒さにもかかわらず、通りという通りに人が溢れ、誰彼かまわず話をしている。ほんの小一時間ほど前、ラテルナ・マギカという名の劇場で開かれていた市民フォーラムの最中に、政府総辞職の急報が入ったのだ。わたしの目の前にいたヴァーツラフ・ハヴェルとアレクサンドル・ドプチェクは、満場の拍手のなかしっかりと抱き合った。長い闘争が実を結んだのだ。ベルリンの壁崩壊をうけた革命の波が、チェコスロヴァキアに到達した瞬間だった。

　ヴァンセスラス広場の群衆のなかを歩いていると、とつぜん脇を歩いていた若者めがけ、数人の男が走りよってきた。様子に気づいた周囲の歩行者たちも、血相を変えて突進してくる。何事かと身構えたとき、脇にいた若者が紙の束を抱えていたことに気がついた。またたくまに輪になって取り巻いた数十人が、みなわれ先にと、紙をもぎとるようにして持ってゆく。写真を撮りながらのぞくと、それは革命の第一報を報じた一枚刷りの新聞で、おそらく「号外」と名づけて大量に配る以前の、試し刷り段階のものを若者がひとりで通りに持ち出してきていたのだった。

彼が抱えていた束は、あっというまになくなった。運よくそれを手に入れた人々は、凍てついた深夜の路上に立ち尽くし、食い入るように読んでいる。読み終わると、すぐに近くにいた誰かの手にわたって、同じことが繰り返される。わたしは粉雪のちらつくなかカレル橋のたもとへと下っていったが、午前零時を告げる鐘の音が闇のなかへ消えたのちも、街角では印刷された一枚の紙を囲む、同じような光景がつづいていた。その夜、たった一枚の印刷物に注がれる群衆の、燃え上がるような眼差しはいまもありありと思い出すことができる。

それから二〇年後、ヨーロッパ各地で記念式典が開かれたニュースを、あのときの若者たちは、どんな風にして知っただろうか。ふとそんなことを思ったのは、二〇〇九年の世界では「号外」が意味を失いかねないような、もうひとつの「革命」が進行しているからである。グーグルによる書籍の電子データ化や、アマゾン・ドット・コムによる電子書籍端末「キンドル」の発売がはじまり、書籍の世界に大きな変化が起きようとしている。特にGoogleブック検索については米国内部をはじめ欧州各国からも異論が噴出し、もはや一企業による文化

革命の日、プラハ、1989 年 11 月

産業という枠をはるかに超えて、政治問題化する気配すらある。実際にドイツとフランスの政府は反対の意見書を提出し、米司法省が介入するという展開になった。どのような和解修正案が出されるにせよ、これは電子書籍というものが、国家レベルで対処する必要があるほどの問題となったことを示している。

もともと著作権にかんする法律にも、ひとつの国を超えた取り決めがあることは周知の事実である。だが今おきている変化は、著者や著作権者だけでなく、「書物」と総称されるすべての印刷物にとって、その生産から分配まで、完成品としての書物だけでなく、それが出来上がり共有されるプロセスに影響を及ぼす。言い換えれば、書物の生産と書物の消費にかかわる、あらゆる人間と人間の集団にとって影響を及ぼさずにはおかないという点で、「大変」であるとの認識が、政府による意見書や司法による介入という事態を生んでいるのだろう。

その一例として、ある電子書籍をめぐって起きた出来事を、ここに記しておくのは、無駄ではあるまい。「キンドル」というのは、一見すると大きめの情報端末と同じようだが、使われている技術はまったく異なる。電気的に画面を書き換える「電子ペーパー」なので、液晶画面のように光らないし、消費電力もわずか。じっさいに読んでみてもコンピューターや携帯電話の画面よりも格段に目に優しく、長時間使用していても疲れない。無線接続をつかって電子化された書籍や雑誌をダウンロードするが、厚めの小説でもあっという間に取り込まれ、しかもそんな本が一五〇〇冊も保存できる。現時点ではアルファベット表示中心であるが、英語やスペイン語など西欧の言語で読みたい読者なら、たとえば新聞を契約すれば、毎朝自動的に「配達」される。

書店と読者が直接、しかも二四時間つながり、さらに自分専用の書庫として持ち歩くという夢のような話なのだが、それが夢でないのは幻滅するような話のほうが先に出てくるところである。まだ米国内で流通している二〇〇九年の夏、あるユーザーが使っていたキンドルから、すでに購入していた小説が忽然と消えてしまった。直前にアマゾン・ドット・コムから「代金を返金する」というメールが届いた直後だったという[1]。

消滅した書物は、両方ともジョージ・オーウェルの著作で『動物農場』と『一九八四』だった。理由は簡単で、二冊の著作を著作権切れしていたと勘違いしていた会社のミスによるものだった。それが判明した時点で、同社の電子書籍サイトからオーウェルの著作を削除すると、ユーザーが持っているキンドルの内に保存されていたデータも、同時に削除されてしまった。つまりキンドルの書籍データは同期しており、会社側のサイトで消えるとキンドル内でも消えるのである。それが超管理社会を描いた「未来」小説『一九八四』だったため、米国のみならず世界各国でこのささいな出来事に注目が集まったのだった。

新しい技術にたいする興味という以上に、ほうっておけない事件のような気がしはじめたのは、著作権にかかわるミスそのものよりも、この事件についてさまざまな人が意見を述べはじめたときである。わたしが興味をもったのは、そこで使われる言葉や表現だった。たとえばこの文章でもそうなのだが、まず持っている本を一方的に削除された人は、「読者」ではなく「ユーザー」と呼ばれている。本を返品するのは、ふつうは「読者」なのだが、電子書籍端末の場合は、「端末のユーザー」なのである。その誰かが購入した本が一方的に削除されるのは、たしかにジョージ・オーウェルが描いた未来のように不気味であり、これを巨大企業による資本主義的管理の一例として批判することはたやすい。

だが、それ以前にこの「ユーザー」は、オーウェルの著作を「持っていた」と言えるのだろうか。さらに言えば一方的に削除されるような本は、はたして「本」なのだろうか。仮にそうと認めたとしても、それはモノとしての本ではなく、あえて言えば「状態」としての本であろう。電子ペーパーによって表示されている状態では手の中にあるが、ひとたびサーバーから削除されれば存在しない。その場合、はたして読書とは、本の「ユーザー」としての経験だろうか。仮にすべての本を電子書籍端末で読むことになる時代に、ユーザーはそれ以前の読者とは、どう違うのだろうか。

音楽や映像をネット上で共有することが当たり前となった時代に、それらのモノとして「所

パリ、パサージュの古書店

有する」という感覚が薄れていることは事実であろう。「所有する」という言葉の意味のほうが変わりつつあり、手元に物理的に置いておくのではなく、そこへの「アクセス権をもつ」ことのほうに、力点が移りつつあるとしても、それほど不思議ではない。いっぽうで書物は、ひろく「配信」や「検索」といった機能の、それこそ端末にぶらさがる何かへと、縮減していってしまうのではないだろうか。オーウェルの本をめぐるささいな事件は、これまで書物と読者がとりもっていた関係さえもが変わりつつあることを示しているだけでなく、実体としての本とそれをつくる版元との関係、図書館とそこで本を「利用する」読者との関係にも及ぶであろうことを予感させる。

書籍にかぎらず音楽や映像などのデータ化と配信は、すでに今世紀の文明の基礎をなすもののひとつと言ってよい。大学の研究者にとっても、あるいは僻地の子供たちにとってもネットによるアクセス可能性は、知的活動にとって必要なものであり、そこから後戻りすることはできないし、その必要もない。そのいっぽうで、これまで物理的実体のまわりにかたちづくられてきた、さまざまな関係が急速に変わりつつあることも事実である。書物の場合であれば、それをつくるための物質にかんする知識やデザイン、共同作業における人間関係、さらに読書をつうじた教育といった、人間の身体と経験にまつわる多くのことがらが、そこには含まれる。それは無数の小さな流れが肥沃な土地をつくるデルタのようなもので、どのひとつに足を踏みいれようが、やがては物質と記憶にたいする考察へと、わたしたちを連れていってしまうであろう。

グーテンベルグによる活版印刷の発明とそれに続く印刷時代の幕開けが、近代文明に大きな変化をもたらしたことは言うをまたない。記憶という観点から見た場合、印刷術の最大の功績のひとつは、過去をわたしたちが今日知るような意味での歴史としたという点にあるだろう。印刷術以前の時代とは、写本の時代である。手で写された本の数は、現在とは比較にならぬほど少なく、それを所有する人間はきわめて限られていた。どの本も写しの写しの写

パリ、パサージュの古書店

しであった時代、それらがどれくらい古く、それが正確に何世紀に所属する本であるのかを同定することは、不可能と言わずとも非常に困難であった。過去ははっきりとした境界をもたない荒野だったとも言えるだろう。

マインツで発明された活版印刷の技術者たちが、戦火を逃れてイタリアをはじめヨーロッパ各地に散っていったのは、オスマントルコがコンスタンチノープルへ進出してきた時期にあたる。蓄えられていたギリシア時代の知が、東から戻ってきたとき、西はこれを真新しい印刷術をもって迎えることができた。はるかな過去から蘇った書物は印刷され、各地に伝わってゆく。たとえばギリシア語新約聖書の校訂本を出版したエラスムスにとって、印刷術は過去を歴史として扱えるための条件だったとも言えるだろう。

フランソワ一世がフランス王立印刷所でつくらせた最初の印刷物のひとつも、ギリシア語新約聖書だった。印刷に使用する活字を彫刻したのが、かのクロード・ガラモンである。今日「ガラモント」という名で親しまれている書体に名を残すガラモンの活字は、写本時代の手書きの感覚を残す美しいものである。活字はただ文字を印刷するだけでなく、そのデザインを通していつどこで印刷したのかを表す記録ともなったのである。

五〇〇年という時のものさしで眺めると、現在は、文字と書物が物質であった時代を超えてゆく転換期ととらえることができるかもしれない。それがわたしたちの、過去にたいする関係をいまひとたび変えることになるのか、歴史を別の方向へと導いてゆく分岐点となるのか、目を凝らしてみる必要があるように思う。

本書は、以上のような書物におとずれた変化を見つめつつ、歴史・都市・芸術といったテーマを扱ったエッセイを中心に編まれている。どこから読みはじめてもかまわないが、さいしょに簡単な見取り図を掲げておくことにしよう。第Ⅰ部では活字と印刷の歴史を振りかえり、さらに書物の保存と共有について考えるために、さまざまな現場を訪れる。ある意味で、電子情報化された知を利用するわたしたちの日常は、図書館化された世界ともいえる。その

パリ、パサージュの古書店

代表が「検索」と呼ばれる行為だが、言葉を鍵にしてあらゆる情報を得たいという欲望は、究極的には世界の図書館化にいたる夢の実現へむかうだろう。

高度な情報網が衛星通信と結びついた世界を支えるのは、地上のすべての場所を一義的に同定するための分析格子である。たとえば衛星からみた地球を緯度と経度によって示すシステムは、「グーグルアース」に代表される、インタラクティヴな地図-映像として進化をつづけ、ある場所の擬似的な現在を俯瞰するまでになっている。そこでのわたしたちの日常生活とその利便性は、細部にいたるまで、政治経済的なグリッドシステムに転写されようとしている。第Ⅱ部では、かつてはある土地との具体的関係において存在していた「境界」が、抽象化された「端末」へと変貌した現在を舞台とする。過去の都市や遺跡を訪ねながら、これとは異なる「もうひとつのグリッド」を、わたしたちの身体の内に探してみよう。鍵になるのは、先史時代の痕跡と神経幾何学の結びつきである。

第Ⅲ部では今日のアートをいくつか取りあげ、それらが物質と記憶の問題をどのように扱っているのかを考察する。あらゆるモノに情報端末が付加され、すべてがすべてと通信するような恒常的オンライン生活において、「住む」ということ自体にも変化が訪れるだろう。わたしたちを「感染」や、とつぜんの「消滅」の不安にさらす高度な流動性をもった世界における、「家」をテーマにした具体的な展覧会などを手がかりにしつつ、一九八九年から二〇年後、見えない本を読んでいる見えない群衆の登場を考えてみたい。

注

1　この事件については大谷卓史氏がいち早く論評を発表している。またグーグルと図書館についてはロジェ・シャルチエによる以下の論考も参考になる。
大谷卓史「キンドルの『1984』」（『みすず』二〇〇九年一一月号）
ロジェ・シャルチエ「デジタル化と書物の未来」（『みすず』二〇〇九年一二月号）

I

書物の過去と未来

図書館化する世界

図書館にはなぜか懐かしさがある。いろんな土地で図書館のお世話になってきた、ひとりの利用者にすぎないのに、そこがまるで故郷であるかのような。個々の施設を超えた、図書館という国がどこかにあるようにすら感じることがある。

オックスフォード大学の二年間でいちばん長い時間を過したのは、間違いなく図書館とパブである。なかでもヨーロッパ最古の図書館のひとつであるボドレアン図書館では、調べものをしている途中から願ってもみなかったような本が次々に出てきて、いつも帰る時間を惜しんだ。古文書が集められているハンフリー・ライブラリーの雰囲気は、一種独特である。羊皮紙の大きな背表紙が並べられた薄暗い部屋に足を踏み入れたとき、それまで本というものにもっていたのとは違った印象を受けた。それは匂いだろうか、動物が姿を変えて並んでいるさまには異様な迫力があった。その当時の書物は、持ち出されないように本棚に鉄の鎖

旧フランス国立印刷所。正面にみえるのはグーテンベルグの銅像

でつながれていたものもあるが、わたしには、本が動物に戻って逃げ出さないように鎖をつけていたように思えたものだ。

ところでこんなに古い図書館でもネットの端末は完備され、利用者の多くは当然のごとくノートパソコンを持ち込んでいる。それだけにここにあるコピー機の扱いは独特だった。普通のコピーなのだが、本を見開きでコピーすることが禁じられている。小さなサイズの本でも、いちいち片ページごとにコピーしなければならないのである。見開きで押し付けると本が傷むからというのがその理由だったが、手間も時間もかかるうえ、決して安くはないコピー代を払わされる学生にはとくに評判が悪い。そこでこっそりと見開き複写を試みる者が出てくるのだが、どこでどう見ているのかわからないのに、どこかからお叱りの声が飛んでくるのである。

グーテンベルグの活版印刷が人間の歴史にとってまさしく革命的な大変化をもたらしたことはいまさら言うまでもない。だが図書館のコピー機は目立ちこそしないが、本の出し方に静かな変化を与えたと思う。いわゆる専門書や学術書と呼ばれるジャンルの本は、洋の東西を問わず値段が高い。もちろん部数が少ないのがその理由だろうが、必ずしも少ない読者に見合った数だけ出しているわけでもない。とても学生には手の出ないようなべらぼうに高い値段でも、図書館に入っていればいい。必要なだけコピーすればいいのである。

口にするにはやや憚れることだが、それをはっきりと書いた人としてわたしが覚えているのは、ウンベルト・エーコである。いまから二〇年以上前に、『薔薇の名前』の著者は、コピー機によって変化した書物の流通について「ゼロックス文明」と呼んでいた。活版印刷が始まっても長い間印刷される部数は限られていた。ボドレアンの書物を鉄の鎖からほんとうに解放したのは、もしかするとコピー機だったのかもしれない。あくまで片ページずつではあるが。

だがコピー機が伝えることのできないことが多いことも確かである。そのことを思ったのは、パリにあった旧フランス国立印刷所である。世界最古の印刷所のひとつとして五〇〇年近い歴史をもっていたが、その心臓部にあたるのが活版印刷と活字鋳造の部門だった。書体の歴史ではおなじみの「ガラモント」とは、この印刷所で最初のギリシア文字を彫刻したクロード・ガラモンであり、以後それぞれの時代にいくつものアルファベットが考案され、鋳造されてきた。そればかりでなく、アラビア語や中国語、日本語からヒエログリフまでをふくむ世界中の文字の活字化を行い、印刷してきた。

この印刷所の最後の日々を撮影していたある日、わたしは地下にある活字の保管庫に連れて行かれた。非常に暗く奥には何があるのかわからないほどだったが、そこには過去に鋳造された活字が紙に包まれて、床から高い天井までぎっしりと積まれていた。いくつくらいあるのかという問いには誰も答えることができず、ただ「数百トン」は間違いないだろうと言われた。活字をくるんだ紙に書かれている文字には、聞いたこともない

旧フランス国立印刷所　活版部門

言語の名前も少なくない。活字にかけた人間の執念のすさまじさを実感するとともに、ふだんは忘れている、ある大きな力を感じたのだった。書物は数百トンという、「重さ」によって作られてきたのである。鉛が溶ける熱と、植字機や印刷機の音のなかで生まれてくるものだったのである。

獣の匂い、鉄の鎖、鉛の熱、数百トンの活字……こうしたことは、おそらく未来の図書館に何ひとつ残ることはないだろう。言うまでもなく書物は現在すすんでいる高度情報化によって、第二のグーテンベルグ革命とすら言われるような変化の真っ只中にある。世界中の代表的な図書館が蔵書の電子化を行い、これを逐次インターネット上で公開している。それは俗に「ライブラリー2・0」と呼ばれるくらいの規模と速度で展開し、世界に数冊しかないような資料でも自宅に居ながらにして閲覧することも可能になりつつある。

驚くべき時代と言うほかないが、それは図書館のサービスが進化したというような単純なことではないだろう。むしろわたしたちが生きる時代そのものが、図書館化しつつあると考えるべきである。一例をあげれば、「検索」がそうである。この「特殊図書館的」な機能に、いまや社会全体が依存するまでになっている。いまでは「検索」という行為そのものが検索されモニタリングされているのだから、社会全体がメタ図書館化していると言っても過言ではないだろう。

それでもわたしは図書館に歩いてゆき、夕暮れまでそこで過ごし、帰りにパブに寄ることをやめはしない。世界は複雑であり、人生には検索できないことがますます多い。探しもとめている答えが、偶然となりに座った人が開いたページのなかに書かれていることも、ないではない。

文字と印刷

1 文字の誕生

人類は道具と火の使用を開始してから非常に長い時間をかけて、イメージの使用まで辿りついている。この間に流れた時間は一〇〇万年単位の期間であり、それに比較すれば、イメージの使用と文字の誕生のあいだに流れた数万年は、ごくわずかであるとも言える。いずれにしても人間の脳は、道具↓イメージ↓文字という順序で、知性の発達を経験してきたわけである。見方を変えれば、人類史の大部分は、音声・身ぶり・イメージなどによるコミュニケーションで成り立っていたのであり、長いあいだ文字は必要とされてはいなかった。

今日でも文字を持たない社会が存在している事実は、重要である。文字を持たない社会は未発達なのではなく、文字を使わなくても正常な社会関係は営まれ、文字による記録がなくても、共同体の記憶は受け継がれる。文化人類学が明らかにしてきたように、それらの社会は豊かな神話体系をもっており、それぞれの口承伝統によって独自の世界観を確立している。長いあいだ歴史学は、文字の使用をもって歴史の存在と見なしてきたが、無文字社会に歴史がないというのは、むしろ歴史を文字でしか記述できない社会の、一方的な見方かもしれない。

痕跡と文字

古代中国の伝説上の人物蒼頡（ソウケツ）は、四つの眼をもち、鳥の足跡から漢字を発明したとされる。中国における文字の起源は明らかではないが、この伝説は動物の残す痕跡が、記号の誕生と何らかの関係にあったことを暗示している。旧石器時代の洞窟や岩陰遺跡には、動物の絵と並んで矢印や円など無数の線刻が見つかっている。オーストラリアではこれらの線刻の多くが、カンガルーなどをはじめとする動物の足跡であることが分かっており、またヨーロッパの洞窟でも熊の足跡をかたどった線刻も発見されている。

アンドレ・ルロワ゠グーランは、ラスコーをはじめとする洞窟の詳細な研究を通じて、動物画の周囲に描かれている多くの記号を二種類に分けた。線分の形状により「男性記号」と「女性記号」と呼ばれる記号の分類は、何らかのかたちで豊穣儀礼と結びついていたのではない

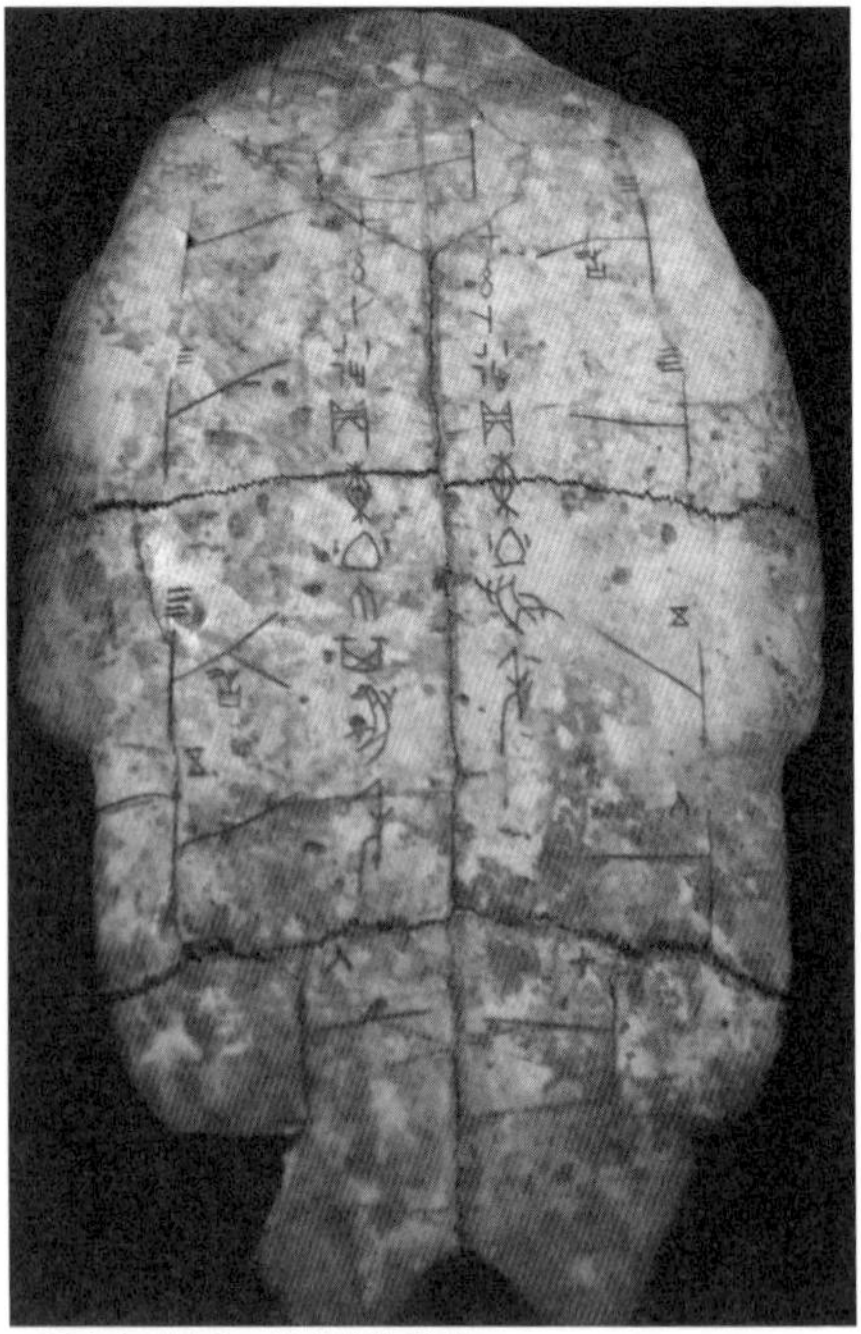

甲骨文字（台北、故宮博物館蔵）

か。ルロワ＝グーランはこれらの記号が、旧石器時代における宗教の存在を指し示すものと考えたが、ひとつひとつの記号の「意味」を解明するにはいたらなかった。

今日の先史学は、ルロワ＝グーランの説に懐疑的である。宗教が存在したかどうかはもとより、それらの線分が記号であるかどうかについても、意見の一致を見ているわけではない。興味深いのは、そこにわたしたちが知っているようなかたちでの、象形文字が見当たらないことのほうだろう。動物の絵と矢印や点など、一見して互いの関係が分からない図の組み合わせが現れ、それから数万年してやっと象形文字が誕生したのである。この間に人間が、どのようにして記号操作を学んだのかが分からない限り、文字の誕生は霧に包まれたままである。

今日知られるもっとも古い漢字である甲骨文字は、亀の甲や鹿の骨を熱したときにできるひび割れによって占いを行う際に刻まれた文字である。骨による占いは、狩猟文化のもっとも古い卜占のひとつであり、今日でもユーラシア大陸から北米まで先住民のあいだに生き続けており、シャーマニズム文化の一部とみなされている場合もある。「兆」という漢字は、甲骨にできるひびが左右に分岐する様子を描いていると言われる。古代中国における卜占がシャーマニズムの発展したものであるかどうかは分からないが、予兆を読みとろうとする人間が、線の分岐に注目したことは興味深い。

儀礼・身体・政治

ところで一般的に漢字は「象形文字」に分類され、山や馬といった形象からしだいに複雑な概念にいたったとされるが、文字がほんとうに自然発生的に生まれたかどうかは分からない。確かにモノの「形を象った」時が起源にあることは確かであるが、形だけが起源であるわけはない。文字が使用されるのは、社会が石器時代とは比較にならぬほど複雑化し、ある程度安定した権力構造ができてからである。言うまでもなく、文字の使用をはじめとする知の伝達もこの構造のなかで発達したものである。それらは単なる自然の象徴ではなく、複雑な儀礼にもとづく象徴体系のなかで発展してきたのである。

現代において漢字は、ほとんど唯一、この古代における儀礼の内容をとどめている文字であり、この点では、表音文字／象形文字という単純な分類には収まりきらない内容をもっている。それらの儀礼のほとんどは古代王朝とともに失われたにもかかわらず、古代人の死生観は文字のかたちと用法を通して、わたしたちに伝えられており、それを理解することは不可能ではない。この「かたちと用法」を通じて古代の文化を理解できるという点で、漢字はアルファベットとはまったく異なる、記憶のシステムであると言えるだろう。

日本では白川静による研究が明らかにしたように、漢字という文字は、そのうちに古代人の宗教、儀礼、習慣等々をとどめ、自然観・死生観・社会観が反映されている記号である。またかつてセルゲイ・エイゼンシュテインが独自のモンタージュ論をつくる際に取り上げたように、部首の「組み合わせ」によって意味をつくるという、特殊な構造ももっている。さらに漢字は身体技法としての「書」と不可分の文字であり、ヨーロッパやイスラム世界のアルファベットとは異なる、思想としての芸術を生み出してきたのである。

2　書物の誕生

書物の物質的起源

書物の起源は植物にあるかもしれない。わたしたちは、「本」と「木」というふたつの記号を使い慣れているし、バイブルの語源となったギリシア語のbiblosやラテン語のliberという、いずれも本を意味する単語が、どちらも「木の皮」という原義をもっていることからも明らかである。さらにペーパーの語源であるパピルスは葦の一種であり、現代においても本に使用されている紙のほとんどは、パルプを原料としている。書物が植物から生まれたとしても、不都合はないであろう。

しかし植物以外の起源もないわけではない。パピルスとは別に、やはり最古の書物と考えられるのはふたつの川のあいだに生まれた文明、メソポタミアの土地で発見されている粘土板だからである。楔形文字が刻まれた粘土板には人類最初の文学作品とみなされている文書、最初の法典として知られている文書など数多くの書物がある。これらの書物は、粘土板がやわらかいうちに、先の尖った棒で刻まれ、その後に窯で焼成された。そのかたちから「楔形文字」と呼ばれることはよく知られているが、忘れられがちな事実は、最古の文字と書物が、火で焼かれることを通して残されたということである。「焚書」の史実や『華氏451度』にみられる、炎を書物や知の破壊者とみなす考えは、あくまで植物性の書物にかぎられた話であり、メソポタミアにおいて書物は、皿や壺のような「器」と同じ物質として、窯から取り出されたのであった。

さてこの知を盛る器としての粘土板のうち、メソポタミアに特有のもののひとつが「説明書」と総称されているものである。数万点にのぼるとされるこの「説明書」は、天文学の知識から動植物のリスト、そしてあらゆる事象の観察記録からなっているが、特に森羅万象のうちに現れる「異変」を克明に記録している。この世界に、それを支配している超人的な存在の意思が発現すると信じていた人々にとって、そのような異変は、神々のメッセージであり、通常とは異なる運命の到来が告げられる機会だったのである。自然界の克明な観察や過去に起きた事件の詳細な記録がなければ、異変を理解することはかなわないだろうし、重要なメッセージを逸することになるだろう。これを「演繹的卜占」と呼ぶ古代学者ジャン・ボテロは次のように書いている。

「それは奇妙で異常な現象または物の内側を読み解いて、そのことから当該者、たとえば王、国、あるいは卜占の対象となる事物とかかわりをもった個人などの未来について、神々が下した決定を推論することである。」

目の前に与えられている事柄から出発し、未だ見えてはいないけれども、そこにすでに含まれている別の事柄に到達するための判断力は、おそらく観察の力とおなじくらいに必要とされていただろう。日々繰り返される日常のなかに現れる子細な逸脱を「予兆」として理解し、それを未来のある時点における「決定」に結びつけるには、何らかの法則を発見しなければならない。「説明書」と呼ばれている膨大な文書に見られるのは、メソポタミアの人々による観察と法則を発見したいという真摯な努力の記録でもある。

異変はどこにでも現れうる。天体と気象。時と暦。動物や人間の誕生やその形態。大地の様子と都市の状況。植物や動物の様態。動物や人間の振る舞い。身体の外観と内臓の様子。ここにはわたしたちの科学が対象としている事象が原型のかたちですべて含まれている。演繹的卜占が科学的思考の萌芽とされる理由である。また重要なのは「夢」であり、メソポタミアにおける夢の理解と解釈は、古代における「精神科学」と言えるかもしれない。広く用いられていた肝臓占いも興味深い。

「もし肝臓に二個の孔があけられていることが観察されるならば、これはアッカド王朝第四代目の王ナラム・シンが城壁に穴を開けることによって捕虜にしたアピシャルの町の人々の予兆である。」

粘土製の肝臓占いの模型（大英博物館蔵）

動物の肝臓にあいた孔が都市の城壁の穴に結ばれているのは明らかであるが、それだけではない。肝臓の孔（palsu）壁の穴（pilsu）町の名（Apisal）という三つの言葉の音にも結びつきがある。シュルレアリスムの詩を想起させる想像力は、メソポタミアの人々にとって自明の理であった。彼らにとってモノの名前は、単なる音声ではなく、モノそれ自身が音声化したということにすぎない。したがって近似する音は、モノが近似することの前触れかもしれないのだから、これにも細心の注意を払わねばならなかった。観察は自然や社会だけでなく、人間の言語そのものにも及んでいたわけである。

記憶と予兆

古代中国やメソポタミアの卜占は、わたしたち人間が世界と自分自身について「知る」ということの、真摯な営みでもあった。現代科学の地平から眺めれば、観察記録も演繹的卜占も、あるいは甲骨占いのような儀礼的卜占も、遠い過去のエピソードでしかないが、未来の予測という一点に絞ってみるならば、わたしたちの方法が彼らよりもよりよいという保証はないだろう。

重要な点は、「書」という安定的なメディアとして残される「記憶」は、単に過去の出来事を残すためだけではなく、未来に起こりうることを知り、そのための判断に役立てたいという、「予兆」のためでもあったということである。

記憶と予兆は、「現在」を軸にすると正反対の方向を向いているように見えるが、人間の心においては、根をひとつにするはたらきかもしれない。このことは現代においても「情報」技術が記録とシミュレーションの両方を支えていることと対応しているように思える。

3　複製技術の社会

グーテンベルグのこだわり

印刷のはじまりは、文字のはじまりほど不明ではない。少なくとも西暦一〇〇〇年頃までには、中国は木版印刷を発達させていた。しかし当時の中国語は何十巻、ときには百巻を超えるような古典を印刷するために、数万字の漢字を使用する言語であり、機械的な大量印刷を実現するためにはあまりに複雑であった。

この点でヨハン・グーテンベルグによる活字印刷には、アルファベットの文字数の少なさも幸いしていたと言えるが、彼の金細工師としての経歴が金属活字の発明を可能にしたという点も見逃せない。人間の知への欲求が生んだ、ルネサンス最大の発明と言われてきたが、もし活字印刷の発明を促したのが知的環境であったなら、それはイタリアでなされていてしかるべきである。しかしグーテンベルグが生きたのは、ライン河畔の人口三〇〇〇人にも満たない小都市であり、ルネサンスの花開くイタリアと比べれば、ほとんど中世と言ったほうがよさそうな社会だった。

グーテンベルグその人の人生についてはよく分からない点が多いが、金細工師として非常に優れた技術を持っていたことは確かである。重要なのは、グーテンベルグがその才能を生かす際に、すでに存在していた木版を向上させるのでもなく、また絵や図版の印刷を手がけるのでもなく、あくまでテキストの印刷のみに集中していたという事実であろう。テキストをアルファベットに分割し、再構成するというアイデアもさることながら、ひとつの文字に何種類もの活字を用意し、より美しく精巧な印刷を可能にする職人芸は、「テキスト」へのこだわりがなければ生まれなかったはずである。グーテンベルグがつくった金属活字は二九〇字にもおよぶ。小文字のaだけで八種類用意されたと言われ、鉛の成分が多い油性インクによって印刷されたテキストは、今日でもまったく色褪せていない。彼は効率よい印刷だけでなく、当時最高の写本にも負けないような、美しい書物を造ることに全力を尽くした。人類の歴史を大きく変えることになった発明が、科学でも哲学でもビジネスでもなく、あくまで一職人のこだわりから生まれたことを忘れてはならないだろう。

しかしその几帳面さがあだとなって費用がかさんだこともあり、印刷された聖書を売りさばいて事業化に成功したのは、発明者ではなく第一の出資者であるヨハン・フストだった。よく知られているように、グーテンベルグは最終的に裁判に勝ったものの、『四十二行聖書』の初版はフストの手によって出版されている。

世論の登場

メディアの歴史において重要なのは、あるメディアが登場したときに、それがどのような人々によって使われ、支持され、あるいは反対に抑圧されたかという社会的条件であるが、活字印刷機の登場の場合注目されるのは、後の世紀において支配的になる役割がすでに姿を現していたという点である。印刷業者、読者層、著述家そして聖職者を含む知識階級は、活字印刷に敏感に反応した。グーテンベルグがマインツの聖フランシスコ教会に埋葬されたのは一四六八年であるが、一五世紀の末までに二千万冊の本が出版され、次の世紀には合計二億冊に達したと推定されている。まさに爆発的な増加だが、ヨーロッパ社会にとって決定的だったことは、本が増えたということ以上に、字を読み書きできる人が増えたということだった。印刷された文字によって大量に伝わったメッセージは、それまでにはなかった社会現象をもたらした。それが世論である。

もし活字印刷がなくても、マルティン・ルターはその思想を公にしただろうが、公にされた思想が「宗教改革」という歴史上の大事件につながったかどうかはわからない。ルターは一五一七年から一五二〇年のあいだに三〇の著作を出版し、合計で三〇万部売れたといわれる。現代のベストセラーからすればたいした数ではないが、それがヨーロッパの君主、貴族、政治家そして農奴にあたえた影響は絶大だった。ラテン語で書かれていたルターの論文はドイツ語に翻訳され、字の読めない人々にも訴えかけるように、漫画が添えられた。反乱を起こされたローマ教皇は、新しいメディアの登場にまったく無防備かつ無対応であり、世論の形成にたいしてなすすべを知らなかったのである。

複製とオリジナル

活字印刷機によるパンフレットや書物の大量複製が、世論の形成をつうじて近代以降の政治に与えた影響については、すでに多くの研究がある。これに比較すれば、漫画や図像、写真といったイメージの大量複製が、どのような社会的影響を与えたかについての、図像の歴史社会学的研究ははじまってまもないと言えるかもしれない。この分野で先駆的な業績をあげたのは、ヴァルター・ベンヤミンであるが、映画や写真をあつかった『複製技術時代の芸術』が興味深いのは、二〇世紀なってはじめて「アウラ」という概念が出されているということである。ひとつの型をもとにして多数の複製をつくるという意味での「複製技術」は、メソポタミア時代の印章や貨幣のように古代から存在していたし、一九世紀にいたるまで絵画も彫刻も多くの複製が生産されてきたが、「オリジナルと複製」という概念が明確に意識されるには、写真の登場を待たねばならなかったわけである。

ベンヤミンの複製技術論が示すのは、複製があって、はじめて「オリジナル」が意識されるという概念上の問題よりは、イメージの複製をとおして形成される大衆社会という、根本的な変化であろう。それは商品がイメージ社会のすみずみに浸透する、新たな世界の幕開けでもあった。

4　グラフィック・デザインのはじまり

イメージと商品

イメージと商品の関係が変わるのは、ベンヤミンが幼年時代を送った一九世紀の後半である。一九世紀のはじめまで、商品の流通をになっていたのは行商人たちであった。行商人の世界は、口承伝達で成り立っている。コミュニケーションの範囲は、村の広場でひらかれる「市」の範囲であり、イメージではなく声で届けられるメッセージが商品の売れ行きを決めていた。この世界では町から町へ、村から村へと売り歩いてゆく行商人の速度で、需要と供給のバランスは取れていたが、産業革命以後、鉄道が現れ、郊外が出現し、農村から都市へと人口が流れ込むにつれて、肉声によるコミュニケーションでは間に合わなくなる。

都市の時代にふさわしいヴィジュアル・コミュニケーションを可能にしたのは、まず紙の生産と印刷機械の大型化だった。一九世紀中頃にはパルプの大量生産の目途がつき、ロール紙が生産され、一九世紀後半になると120×160cmという大判の紙が生産されている。いっぽう印刷機械の性能も向上し、一時間に数千枚の印刷が可能になった。また同時期にスミ+三色の版をつかったクロモリトグラフィーが完成し、カラー印刷の基礎が築かれる。

こうした技術的発展をバックにして、ポスターという名の新しい視覚デザインが誕生した。代表的な作品は、あまりに有名なトゥルーズ・ロートレックによる大判のリトグラフであるが、モノトーンなパリの街角に貼り出された鮮やかな色の大型ポスターは、まさしく都市の時代の視覚デザインとして登場した。それは広告という、不特定多数の都市群衆に訴えかけるコミュニケーションのはじまりであり、観客でもなく読者でもない「広告の受け手」という、第三の受容形態の出現であった。

グラフィック・アートの誕生

都市群衆の出現と新たな生産形態に敏感に反応したのは、ヨーロッパで最初に産業革命を達成したイギリスだった。一八三七年には最初のデザイン学校が設立され、ケンジントン美術館（今日のヴィクトリア&アルバート美術館）が最初の装飾芸術美術館として、デザインのコレクションを開始した。この時代の中心人物はウィリアム・モリスである。モリスはアート&

クラフトを設立し、ヴィクトリア朝の悪趣味を批判した批評家ジョン・ラスキンの意志を受け継いで、テキスタイルからタイポグラフィーまで、新しい線の美学を打ち立てた。一八九一年に設立された出版社「ケルムスコット・プレス」による印刷物には、モリスの美学が集約され、大きな影響を与えてゆくことになる。

フランスとベルギーにおけるアール・ヌーヴォーやドイツにおけるユーゲント・シュティルとともに、アート&クラフトの運動は、写本や工芸の純粋さにひとつの理想を見出したという意味で、中世の再発見という側面をもっている。それは「芸術家」と「職人」という二分化への抵抗であり、芸術と工芸が一体化してひとつの美学を作り上げていた時代の再評価であった。またモリスをはじめとしてヘンリー・ヴァンデヴェルデ、ジョセフ・マリア・オルブリッチ、ジョセフ・ホフマン、チャールズ・レニ・マッキントッシュといった代表的な作家に共通しているのは、建築家としての才能である。統合芸術としての建築を中心にして、グラフィック、プロダクト、工芸といった諸分野を統一する美学を追及したのが、これらのアーティストであった。

また「中世の再発見」とともに重要だったのは「日本の発見」である。万国博覧会を通して伝えられた日本の浮世絵をはじめとする工芸の影響は、いっぽうでゴーギャンやゴッホの作品で知られる「ジャポニズム」として知られるが、グラフィック・デザインや工芸においても、その影響は見逃せない。地と図との関係や文字と絵との融合を学んだり、自然をモチーフにする仕方を真似したり、あるいは日本の書に見られる「撥ね」を取り入れたタイポグラフィーを作り出したりと、「日本」は多様なインスピレーションを与えたのだった。

革命の視覚言語

　こうして準備された都市時代の視覚デザインを支えたのは旺盛な実験精神であった。ロンドン―パリ―ウィーンへとつながる世紀末芸術のグラフィック・アートを第一期とするならば、第二期はプロレタリア革命によって誕生したロシア・アヴァンギャルドであろう。アート&クラフト運動が、最終的に大量生産機械の否定につながったのに対して、ロシア・アヴァンギャルドは視覚的な実験と工業製品の生産とを両立させようと試み、革命の視覚言語を模索したのだった。詩人マヤコフスキーらが創設したアヴァンギャルド雑誌『レフ』や、プロパガンダ用のポスターなど、あらゆる印刷媒体がグラフィック・デザインの実験場となり、エル・リシツキーによるタイポグラフィー、アレクサンドル・ロトチェンコによる写真、グスタフ・クルシスによるフォトモンタージュといった数々の新しい表現が試みられた。

　これらのグラフィック・デザインは同時代の芸術と連動しており、エル・リシツキーらの「構成主義」に代表されるように、特定の分野でなく、印刷、演劇、パフォーマンス、音楽、映画、建築などすべての分野を横断する「知覚の革命」が目指されていた。ある意味で一九一〇年代から三〇年代にかけて噴出したアヴァンギャルドの運動は、技術ではなく「思想としてのマルチメディア」であったと言えるかもしれない。それは都市の時代にふさわしいスタイルの探求であると同時に、一九世紀に出現した「群衆」が知覚の主体となったことをも示している。だが彼らの運動はスターリンの登場によって失速し、弾圧と粛清のなかで消えてゆくほかなかった。

5　複製の文明へ

建築的精神

ヨーロッパに誕生したグラフィック・デザインの特徴のひとつは、建築がすべての基礎として据えられていることであろう。アート&クラフト運動についてはすでに述べたとおりであるが、バウハウスが建築家ワルター・グロピウスによって創設されたことも大きな意味をもっている。バウハウスのカリキュラムは校舎とアトリエを中心に展開しており、たとえばラズロ・モホリ゠ナジが写真を基礎カリキュラムに取り入れたとき、彼らが撮影したのはバウハウスの建築であった。写真はまず自己と世界のあいだに関係を作り出す道具として利用され、学生たちは撮影することをとおして、バウハウスの美学を発見していったのである。

ワイマールからデッサウに移った時点でモホリ＝ナジはタイポグラフィー科を開く。一九二〇年代にはモホリ＝ナジの「新タイポグラフィー」やエル・リシツキーの「タイポグラフィーのトポグラフィー」、クルト・シュヴィッタースの「タイポグラフィーのエレメント」など、ラディカルな理論書をとおして新しい視覚言語が試されていった。

バウハウスに学生として入学しながら、デッサウ校ではすでに広告の教育プログラムを依頼されたヘルベルト・バイヤーもまた写真、建築、装飾、広告といったジャンルを横断する天才デザイナーだった。バイヤーはバウハウス精神そのものであり、シンプルで機能的なデザインを革新するとともに、アメリカに移住した後はニューヨーク近代美術館の展覧会の展示デザインなども手がけて、戦後のデザインに影響を与えている。

一九二〇年代から三〇年代にかけてはまた印刷術と写真術が相互に影響しあって、次々に実験的な作品を生み出したが、特にモホリ＝ナジはフォトモンタージュを革新し、ジョン・ハートフィールドのようにモンタージュを強烈な政治批判の道具として使う作家が現れた。ロシア・アヴァンギャルドからバウハウスまで、この時代の創造のエネルギーは、「群衆」と「権力」という二大現象と拮抗しながら生まれたといってよいであろう。

「印刷」の変容

複製技術の発展は、戦後アメリカへと舞台を移し、数々の技術変革とともに今日にいたっている。最大の変化はコンピューターの登場であり、一九八〇年代以降は原稿の作成、デザインから印刷までを一貫してコンピューターが管理する時代となった。歴史的に眺めれば、グーテンベルグ以来、アトリエや工場が管理していた「印刷」に大衆化が訪れたということになろう。

ここ一〇年のうちにインクジェットプリンタの価格は急激に低下し、パソコンやスキャナとセットで売られることも当たり前になっている。かつて「印刷」とは印刷所や職場や学校でのみ可能なことであり、家庭でできるのは年賀状を木版で刷ることくらいだった。その時代が、実は遠い過去のことではないことに驚かざるを得ないが、ともかく「印刷」がこれほど身近になったことはない。電子メールをはじめとして、個人が利用できるメディアは安価でしかも多様化し、メッセージを大量に送るために、印刷は必ずしも必要ではない時代になっている。

「環境」というファクターも見逃せない。印刷はインクと紙を大量に消費し、大量の廃棄物を出す。グーテンベルグ聖書のような、鉛分の多いインクをもう使えないことは当然として、紙の消費量をこのまま放置するわけにもいかないだろう。もちろんコンピューターとその周辺機器が、汚染物質を出さないというわけではないし、OA化によって逆に紙の消費量が増えたという例もあるのだから、印刷と環境破壊の関係はそれほど単純なものではないはずである。しかし一五世紀に誕生し、一九世紀から二〇世紀にかけて極端な拡大をみた「印刷」という産業が、転換期にさしかかっていることは確かであろう。

複製の思想

すくなくとも印刷には今日、「紙のうえにインクをのせて同一文書を複製する」という伝統的な意味にとどまらない展開が期待されている。バーコードのように、機械によって読み取られるコードは、それが印刷可能な物体なら理論的にはどんなものでも、他の情報メディアとリンクさせることが可能である。バーコード印刷によって、それまで単体で存在していたモノは、インタフェースとしても存在することになり、流通の管理からアーカイヴの構築まで、非常に幅の広い利用形態が可能となる。たとえば本に印刷されたバーコードを通じて、そこに複数の情報をリンクさせることによって、書物そのものが図書館を潜在させているような状況は、容易に考えられるだろう。

薬品をはじめ遺伝子のサンプルを印刷すること、あるいはチップの小型化によって音や映像を本のなかに埋め込むことも、遠い先のことではないだろう。光学ディスクの登場以降、音も映像もゲームソフトも、プレスされることによって大量複製されている。複製の一般化は生命工学にもおよび、クローン動物の生産に成功してからは、ヒト胚のクローンの是非が議論される時代となっている。生命をあたかも印刷するようにして複製することが可能になりつつある。文字の誕生から今日まで、コミュニケーションは人間の生きる空間を拡大してきたが、ついにその範囲は生命を含む惑星全体に及ぶにいたった。すべてが複製可能となった時代に、「創造」はいったいどういう意味をもつのだろうか。

開架式の旅

イデムの書架にて

いったい最後に何が残るんだろう——アガサ・クリスティーではないけれど、わたしの周辺でもメディアについての話になると、ちょっと怖い話題が多い。イメージを記録するメディアがこれだけ激しく変わり続けると、大切なデータをどうやって保存しておくのか、みんな頭を痛めているのである。特に写真とビデオがデジタル化されてから、この心配は格段に増幅されている。たかだか一〇年前に撮影した映像なのに、すべてデジタル化しないと心配で仕方がない……そんな声はしょっちゅう聞く。コンピューター・グラフィックスで設計されたイメージは、どうやって残るのだろう。電子的な記録媒体はいったいどれくらい持つのか。仮にデータはあっても、それを読み出すためのソフトやハードはどうか。一〇〇年後二

○○年後にも保証されているのだろうか。結局最後に残るのはフィルムや紙なんじゃないか……いや現今のイメージをすべてプリントできるかどうか……最後には何もなくなるんじゃないか……こうして議論は夜更けまで続いてゆく。

そこでモノとして残らない記憶の本を書きはじめた。しかし不安で仕方がない。そんなときに話し相手になってくれるのがジャン・ミシェルである。パリにある古い印刷所で、アーティストとともに限定版の作品集をつくっているエンジニアで、あらゆる技法に対応してくれる驚異的な人物だ。なかでも信頼されているのが、コロタイプである。一九世紀に発明された印刷技術でフランスではフォトティピー（phototypie）と呼ばれている。一八五五年にフランス人アルフォンス・ルイ・ポアテヴァンが発明した印刷法で、凹版や網目スクリーン、オフセットなどよりも早く実用化された。オリジナルの原稿を撮影してフィルムに起こし、感光剤を塗ったガラス板に密着焼き付けしたものが版になる。ガラス板が巨大なネガ写真のようなものだから、そこから刷られたイメージにはプリントと同じように、網目がなく無階調の表現が可能になる。写真術の発明から一五年ほどしか経っていない当時としては、革命と言ってもいい。ポアテヴァンの名はあまり知られてはいないけれど、写真が大量複製技術として社会的影響を与えるのに大きく貢献した、重要な発明である。

ジャン・ミシェルはその古い印刷機を数台所有していて、わたしもここでエディションを作る。それほど広くはない工房にところせましと工具が並べられ、試し刷りが頭上にぶらさがる。古文書館に収めるための、考古学資料もここで印刷している。日本でコロタイプ印刷を続けている京都の便利堂も、文化財や古文書の印刷が多いと聞いた。解像度が非常に高いこと、微妙な階調が出せることなどが理由だろうが、それ以上に、わたしはコロタイプの物質としての安定度が、現在でも図書館から求められているからではないかと思う。ジャン・ミシェルによるコロタイプ印刷の多くは、フランス国立図書館に収められている。物質としての安定度と技術的な信頼度が、そうさせるのだろう。そんな彼と印刷機をはさんで作業をしながら、電子化計画喧しい最新の図書館の話を聞く。ふとインクと紙のなかに埋没したくなる。

パリではもう一箇所必ず立ち寄る場所がある。モンパルナス地区のど真中にある「イデム」である。ピカソやマチスのリトグラフを制作していた有名な印刷所ムルロを引き継いだもので、街の中心にあるとは思えない広さだ。ガラスと鉄の建築で、印刷機のあいだからロートレックが姿を現しそうな錯覚に襲われる。ごつい鉄格子の門を入り、石畳の廊下の奥から印刷機の重い音が響いてくる。扉を開けると、機械油と紙の懐かしい匂い。世界中からさまざまなエディションの制作を引き受けているので、アーティストの出入りも多い。大量に生産される一般書とは別の、サインとナンバーをもった限定版の世界であるが、しかしこれも重要な書物の世界なのだ。

イデムの書架（パリ、2009年）

確かにコロタイプやリトグラフは大量生産には向かないし、だいたいコストが高い。ここで生産される本は、すべての人に行き渡るためにつくられているわけではないし、むしろ限られた図書館に収められることによってしか、一般の眼に触れることはないだろう。それでもわたしは懐古趣味でもなく、好事家のためでもなく、この古い世界は大切だと思う。それはイメージが物質であるということ、イメージを知るには時間がかかるということを教えるからである。

久しぶりに訪れた工房の、薄暗い壁の一角に、巨大な書棚が出来ていて驚いた。高さ八メートルの立派な木製の書棚に、古書がぎっしり詰まっている。現在の工房を運営しているフォレスト氏が、「イデム印刷歴史図書館だよ」とウインクしてみせる。閲覧したいと言うと、ヤコブが上ったような長い梯子を持ち出してきた。柔らかい灰色の背表紙は、すべて羊皮紙だろうか。こんな書架は国立古文書館でも見たことがない。少しどきどきしながら足を掛け、書棚の一番上に手を伸ばす。予想に反して冷たい手触り、そしてずしりとした手応え……さすがに古文書は違う、と本を取り出そうとするが、とても重くて片手では持ち上がらない。バランスを失って梯子から落ちそうになりながら、やっと引き出した「本」は、紙を束ねたものではなく、ツルツルした一個の石だった。羊皮紙の書物と見えた書棚に並んでいる何百もの物体は、すべてリトグラフの印刷に使う石版だったのである。いつか使われるはずの版が、待機していたのである。

今日の本は、速い。ネットで検索、ダウンロードするまでに数秒。そのようにして、本を手にし、読むことができる。でも本当にそうなのかな、梯子の下で「遅い」書物のアルチザンたちが笑っている。腕に軽い痛みを感じながら、手のなかに、未知の本の記憶が残る。

藁の本棚

それは初夏の陽射しが気持ちのよい、ある日の午後、偶然に目にした看板がきっかけだった。

手書きの小さな矢印に〈本の村〉と書かれていた。フォントノア・ラ・ジュートと尋ねても、知る人はいないだろう。よほど詳しい地図を見ても、実際に辿りつくのは易しくない。フランス東部のロレーヌ地方、ゆるやかな牧草地と森のつづく風景のなかに、ポツンとある、それは小さな村である。道を聞かれて困った顔をしたら、たいていの人は、「バカラの近くだそうですが」と付け加える。世界的に有名なクリスタルガラスの、あのバカラの町から車で五分くらい、ただし方向を間違わなければ。というのもフォントノア・ラ・ジュートの村の名物は、遠くからは見えないのである。人口二〇〇人そこそこの村に年間一〇万人近くの人が訪れるのは、教会のためでもレストランのためでも、ましてクリスタルでもない。ほとんど何もないに等しいこの村には、しかし周囲数十キロの田園地帯にはないものが、ある。本である。

その光景には、どこか現実離れしたところがある。真冬に訪れようとは思わないが、春先や夏のバカンスのシーズンでさえ、ほとんど人に出会うことはないような田舎なのだ。遠くからトラクターの音が聞こえたりすると、それだけで安心する。もしもし、フォントノアという村はこのあたりに？　おう、これから戻るところじゃよ、ついてきなさい。おじいさんは、くわえタバコで合図する。大きな藁のブロックを積んだトラクター、たばこの火が燃え移ったりしないだろうかと余計な心配をする間もなく、村への急な坂道をあがってゆく。小さな細い道が石畳になったとたん、左右に夥しい量の本がはいったケースが見えはじめる。

教会を中心にしてロレーヌ地方独特の農家や納屋が数十軒集まっているのだが、見たところその半分以上が本を売っている。商店もホテルもない。もちろんコンビニもありはしない。この寒村で買えるものは、本だけである。しかしどんな大都市の本屋に行っても売っていないような、めずらしい本を売っている。専門はそれぞれ微妙に異なるのだが、どれもプロの古本屋なのである。

この不思議な光景には、もちろん訳がある。「本の村」の小さな物語。社会学者、議員、小学校の教員だった三人の男が、書物の世界から遠くはなれた、この過疎地域の片隅に「本の友」協会をつくったのが発端だった。協会といってもたった三人の会員である。村に図書室を作ろうにも、建物もなければ書籍を購入する資金もない。そこで知恵を絞り、いちど日曜日に古本市を開いてみた。予想に反して、離れた村からも本を買いに来る人がいる。毎日曜日に開いてみると、常連ができるようになる。誰もがそれぞれの農家で年中テレビの前に座ったままで生活していると思っていた社会学者は、驚いた。この過疎の山村地帯には、本を読みたいけれど買いに行くことのできない人々がいた。一九九五年頃のことである。

そのうちこの村に移住するブキニストが出てきた。大きな町で続けてきた人たちが、つぎつぎに移ってきた。彼らを惹きつけたのは、廃屋になっていた、ロレーヌ地方特有の大きな納屋である。築二、三〇〇年はたっている見事な木造建築がひとつまたひとつと修理され、大都市ではとても望めないような、贅沢な読書空間として蘇る。ロレーヌ地方だけでなく、スイス、ルクセンブルグ、ドイツといった近隣の国からも人が来るようになり、フォントノアはいつのまにか「本の村」として生き返ったのである。

現在は二〇軒ほどの店が、それぞれ専門の書籍を用意している。わたしはある初夏の一日をこの村で過ごしたことがあるが、都会ではとても味わえない気持ちのよい時間が流れているのに驚いた。数十万冊の本が、木と藁の香りのする農家のなかに積まれている。町の大型書店並みの量なのだが、息苦しさがない。ときおり鳴く牛の声に驚くほどの静けさのなかで、背表紙を眺めているだけで、ゆったりとした気分になる。この村では、ベストセラーは意味がない。消費される本は都会で消費されるでしょう、とでも言いたげに、絶版になった本、小さな頃に読んだ本、そしてアルザスやロレーヌ地方で細々と出版されてきた本が、大切に並んでいる。

書店だけではない。ロレーヌ地方は伝統的にガラス、繊維、木工において優れたアルチザンを生んできたが、この村には紙作りの工房と、装丁のアトリエが一軒ずつあって、造本の技術を教えている。遠くの町からも小学生のグループがやってきて、本というものがどのようにして作られるのかを、実際に手にとって学んでいる。本を大切にする空気が自然に漂うのは、古い農家や教会が、大切に修復されているからなのだろう。もちろん周辺に住む人々にとっても、この村は有名だ。まとめて何十冊も買い込んで家族で読みまわした後は、また村へ来て売ればいい。実際にそうした需要も大きいようだ。一〇キロほど離れたところにあるキャンピングでは、バカンス客が一夏分の読書量を買い込んで、夏休みの終わりにまた売りに来る。町から遠く離れたところでは、こうした読書も捨て難い。システムこそ異なるが、機能だけを見れば、ある意味でフォントノアは森のなかの図書館なのである。

とここまで書いても、読者はなぜこんなところに、と思うかもしれない。しかし実際は、こんなところだから、なのだ。なぜ一九九〇年代後半になって出現したのか。フォントノアは、辺境だが、世界とつながっている。ブキニストたちは、すべてインターネット上でリアルタイムの取引を行なっているからである。あの懐かしい「グローバル・ヴィレッジ」は藁の匂いとともに、出現していたのである。というわけで、最後にフォントノアの、電子空間上の住所を記しておこう。これなら道に迷って見つからないということはないはずである。

http://www.fontenoy-la-joute.com

鉛の書

ポストを開けると、三つ折りの紙に宛名が書かれた手紙がある。消印は宇品(うじな)。広島である。

端に留められた赤いテープを注意深くはがして広げると、白い紙一面に、黒鉛筆で擦られた跡がある。何かゴツゴツしたものの上に紙を置き、鉛筆で擦ったもの――いわゆるフロッタージュと呼ばれる技法である。紙の下にはアルファベットが読める。

THE PLATFORM OF THE OLD UJINA STATION, HIROSHIMA 1894/1945/2002

差出人の名は岡部昌生。フロッタージュという技法を、人間の記憶や想起の営みのなかで展開する世界的アーティストである。たとえば「忘れるな」というシリーズがある。これは広島市内に設けられた四十数箇所の銅版をフロッタージュしたものと、パリのマレ地区にあるユダヤ人街の建物に取り付けられた銅版をやはり鉛筆で擦りだしたものを二枚一組にしたものだ。前者は、広島が被爆した直後に撮られた廃墟の写真の銅版であり、後者はかつて地区から拉致され、虐殺されたユダヤ人の子どもたちがいたことを「N'Oubliez Pas」（忘れてはいけない）と書かれた銘板である。第二次大戦の悲劇を忘れてはならないという、モニュメントの「写し」である。これは韓国の光州市で開かれた現代美術の祭典光州ビエンナーレの第三回目「芸術と人権」部門に展示され、世界的な注目を浴びたものだ。

わたしが受け取った「手紙」は、なかにあるアルファベット表記が示しているように、広島港にある宇品の旧駅のプラットフォームで擦り取られたものである。表記の最後にある三つの年号が、この場所の履歴を示している。

被爆石のフロッタージュを含む岡部昌生作品のインスタレーション（第 52 回ベネチア・ビエンナーレ、日本館、2007 年）

最初の一八九四年はこの駅が作られた年である。軍都広島の玄関口であり、ここから兵士と物資がアジアや太平洋へ向けて運ばれた、いわば近代日本によるアジア侵略への出発点である。

二番目の一九四五年は、言うまでもなく原爆投下の年である。宇品駅のふたつの年号が示すのは、この場所が加害者であり被害者でもあるという二重の歴史を背負っているという事実であり、その事実はそのまま日本の近代そのものとなっている。

最後の二〇〇二年は、このフロッタージュが作られた時を示しているとともに、再開発によってほとんど消滅してしまっている宇品駅の最後をも示している。宇品駅プラットフォームの花崗岩は、日本による侵略の礎石となり、つ

岡部昌生のフロッタージュ作品

いで核の炎に焼かれた廃墟の痕跡となり、そしていま作家によって擦りだされた鉛筆のトレースのみを残して、消え去ろうとしている。

わたしはこの近代の痕跡ともいうべきフロッタージュが綴じられた一〇〇冊以上のファイルが、整然と並べられたキャビネットを前にし、しばし沈黙した。黒い机の上に並べられた黒いファイルのなかの黒鉛筆の痕跡は、地底からもたらされた書物に見える。それを閲覧する者は、二〇世紀という時代に人間の行なった諸悪が都市のあらゆる細部に染み付いているのではないかという恐るべきイメージを抱くのである。

フロッタージュは、宇品駅の石と石のあいだを中心にして作られている。花崗岩のゴツゴツした部分はきれいに浮き出しているが、石と石とのあいだの部分の隙間は、隙間のまま何も浮き出さない。鉛筆をもった手のストロークはやや扇状を描き、それはちょうど胎児の状態を音波によって診断するエコグラフィーを思わせる。歴史のエコグラフィー。芸術家の手は、現代都市のきらびやかな再開発計画のなかに忘れられてゆく歴史の内部を感知するために動くのだ。しかし物質の内部を感知するための線は、何もない部分、つまり地面にあいた隙間の部分を闇と残し、わたしの視線はその間のなかへ沈んでいってしまう。

わたしはこの「痕跡の図書館」とも言うべきインスタレーションの後に行なわれた岡部さんとの対話のなかで、鉛についての話をした。鉛という物質は写真家にとって、一種の盾として重宝する。たとえば空港などに設置された手荷物検査機の放射線から大切なフィルムを守るための袋が鉛製であるが、この歴史を辿ると、宇品駅が出来た頃に行き着く。レントゲン博士がエックス線を発見したのは一八九五年、放射線が人体に及ぼす悪影響が判明するのはその後である。黒鉛筆によって作られた巨大なフロッタージュ作品は、あたかも鉛でコーティングされた紙のようでもあり、それが放射線の歴史と呼応しているように思えた。それは放射線に代表されるような、人間の叡智と災害が結びついた技術文明に対する盾であるとともに、わたしたち自身の履歴書でもある。

この鉛の書は、かつて見たことのある別の作品を想い起させる。一九八九年、ロンドンで開かれたアンゼルム・キーファーの個展を見る機会があったのだが、テムズ河べりのギャラ

アンゼルム・キーファー「鉛とガラスの書架」（パリ・グランパレでの展示）

リーに展示された巨大な彫刻作品『ハイ・プリーステス』が頭のなかに蘇ったのだ。鉛でできたふたつの書架に、鉛でできた二〇〇冊の本が並んでいる。開架式の作品と言えばそうであるが、しかし本一冊の重さは一〇〇キログラム以上であり、開いて閲覧することは不可能である。鉛製の書架のところどころに何かふわふわとしたものが隙間風に揺れている。近寄ってみてぎょっとした。風に揺らいでいるのは、人間の髪の毛なのだった。

その後出版された本によって、この鉛の本棚に収められている本の内容が部分的に紹介された。雲、水、土といった風景写真とともに、原子力発電所の冷却パイプのイメージが繰り返し出てくる。ここでも鉛という物質は、直接的に、核と放射能のイメージと結びついてい

アンゼルム・キーファー「鉛の書」

る。現代美術の代表的な作家であるキーファーの書棚は遥かに黙示録的であり、屹立する謎のように見える。ふたつの書架はそれぞれチグリスとユーフラテスと名づけられており、人類最初の文字の生誕と書物の誕生を暗示する。ページとページのあいだに隠された絶望と希望のアマルガム。鉛の本には、いまだ解読されていない、歴史の秘密が書かれているような気がする。

沖縄県公文書館のヤタガラス

日本「復帰」三〇周年を記念して、公式・非公式さまざまの催しが行なわれている沖縄で、とりわけ興味ぶかい展覧会が開かれた。沖縄県公文書館による「資料にみる沖縄の歴史」である。実にシンプルなタイトルなので、他の華やかな記念プログラムのなかではあまり目立たなかったかもしれない。しかし梅雨入りした五月のある日、この美しい公文書館で半日を過ごすことのできたわたしは、ガラスケースのなかに並べられた資料を幾度も眺め、この展覧会が格別の重要性をそなえたものであることを確信した。

タイトルが示すとおり、百点以上に及ぶ資料は沖縄の歴史を、ある明快さのなかに描き出す。大きく三つの区分に分けられる時代の、最初は琉球王国時代である。展示の最初にあるのは、隋朝の歴史書、中国正史のひとつ『隋書』である。その第八十五巻の内に、「流求國」の文字がある。中国正史にはじめて出現したリュウキュウの記述だが、それが果たして琉球国なのか、それとも現在の台湾にあたるかについては、いまだに論争があり、定説はない。もうひとつ流求國にかんする貴重な資料が並ぶ。『漂到流求國記』と呼ばれる巻物で、現在の長崎にあたる肥前の国は松浦を出帆した一行が、暴風雨に遭い「流求國」に漂着し、当地にしばらく滞在した後に、再度出帆して宋に渡り、目的を果たして帰国するまでを記述した記録である。この巻物の特徴は文字のあいだに絵が描かれているところにある。やはり台湾か沖縄諸島か定説はないが、一二四四年という時代の「流求國」の風俗に関するイメージとしては、極めて稀な資料であることは間違いない。展示されていた箇所には、二艘の小船に乗った人々が、荒海を乗り越えて進む様子が生き生きと描かれている。半身を水の中に沈めて進む先頭の男たちが刀を抜き、弓に矢をつがえ、盾を構えている様子が目を引く。攻撃的な眼差しをした男たちの前方、波頭の彼方に待つものが何なのかは分からないが、一三世紀のものとは思えない躍動感がある。

王国時代は大きくふたつに分かれる。沖縄がはじめてそれ自身を歴史的記録に定置するのは、いわゆる三山を統一した尚巴志（しょうはし）の時代である。一四二〇年代に始まる統一された琉球王国は中国や朝鮮、さらに太平洋諸島との交易を軸に、独自の発展を進めるが、やがて薩摩藩による支配下に置かれ、徳川の幕藩体制のなかに組み入れられてゆく。個人的に注目したのは、薩摩藩主が変わるたびに琉球国王が送った「起請文」と呼ばれる文書である。これは琉球が薩摩に対して忠誠を誓うとする一種の誓約書で、一六一一年と一八五八年に書かれた二種類の「起請文」が展示されている。ふたつの年には意味がある。薩摩藩が琉球に侵攻し支配下に置くのが一六〇九年だから、この中山王尚寧（しょうねい）による文書は、国王が江戸に上り時の将軍秀忠に謁見した後に書いた最初の「起請文」である。ふたつ目は中山王尚泰（しょうしん）から島津斉彬にあてて書かれたもので、最後の「起請文」である。というのも一八七九年廃藩置県による沖縄県の強行設置いわゆる「琉球処分」によって王国は解体し、第二の時代に入った沖縄は明治政府下における日本の一地方としての道を歩むことになるからだ。

展示資料のなかに、はじめて写真が姿を現すのはこの時である。セピア色のプリントの日付はまさしく明治一二年、洋服を着た一〇人の男たちがカメラの前で不動の姿勢をとってい る。キャプションは、「琉球藩処分官一行」。これは琉球処分のために那覇へ出張した内務大臣書記官松田道之一行のひとり熊谷薫郎の孫が所蔵している貴重なプリントで、「琉球藩を廃し、沖縄県を設置する」という歴史的な転換時に撮影されたものだ。この写真の前後に並ぶ文書には、いくつもの異なる印章が捺されている。廃藩置県の布告に捺された参議の花押と「可」の字の印。外交権を停止された琉球藩がいったん明治政府に届けた後に、ふたたび下賜された「琉球藩」の印鑑。さらにその後下賜された「沖繩縣」の印鑑。琉球はかつて中国から国王印を下賜され、さらに藩と縣の印を下賜されたわけである。写真は光の刻印であり、そこに写されているものの姿や形ははっきりしている。文書に捺されたこれらの印章は、何の刻印なのだろうか。時代の権力を刻印していることは間違いないのだが、それらをじっと見つめていると、痕跡が伝えるのは政治的な意味だけではないように思えてくる。

ふたつの「起請文」を眺めて誰もが気づくのは、文の裏から浮かび上がる奇妙な黒い影である。「起請文」は特殊な形式をもっており、誓約内容を記した「前書き」の部分と、それに続く「罰文」のふたつの部分からなっている。この罰文は「神文」と呼ばれ、熊野神社の護符を裏返して書かれている。最初の「起請文」は熊野那智神社の那智瀧宝印、最後の「起請文」は午王宝印と呼ばれる護符を使っているが、今日も熊野の神社で売られているこれらの護符には、八咫烏(ヤタガラス)と呼ばれる神話の鳥が捺されている。黒い影の正体は、このヤタガラスだった。展覧会の最終日がワールドカップの開会日と重なっていたからだろうか、起請文の内容はともかく、そこに映る黒い影が目に焼きついてしまった。ヤタガラスは今ではJリーグのエンブレムとして知られているが、採用されたのは意外に古く、一九二一年に設立された大日本蹴球協会である。古事記の神武東征神話に書かれているとおり、天皇が熊野から大和へ入り日本を建国する際に、険路を導いた瑞鳥であるヤタガラスは、賀茂建角身命(かもたけつぬのみこと)の化身、つまり日本創建の導きの神として、天皇制を中心にした国家形成の導きとして神話に登場する鳥である。公文書の痕跡には、こうした「神話の力」というべき何ものかが封じ込まれているような気がする。

琉球の歴史と近代スポーツの思わぬ出会いに、想像はあらぬ方向へ動きだしたのかもしれない。傘を忘れたわたしは、しばらくのあいだ、それにも気づかずに、雨の降る西風の丘を歩きつづけたのだった。

世界標準

二〇〇二年四月一日、日本の国土にかんして、ある重要な変化がおとずれた。すこし大げさに言えば歴史的転換だったが、一般的に知られることはなかった。それまで日本の緯度と経度は「日本測地系」と呼ばれる基準にしたがっていたが、この日、国際的な「世界測地系」に基づく数値に切り替えられたのである。日本測地系というのは三角測量によってつくられた体系で、東京麻布を原点としている。日本はこの明治時代につくられた体系のままやってきたのだが、新たな千年紀にはいり、いよいよ世界測地系とのあいだのズレを無視することができなくなった。国土交通省は前年の六月に測量法を改正したが、その施行が四月一日だったというわけだ。日常生活とは縁のない話に聞こえるかもしれないけれど、実はそうでもない。

もはや広告の決り文句になってしまった感のある「世界標準」だが、こと緯度と経度にかんしては、のっぴきならない事情がある。GPSと呼ばれる全世界測位システムの普及がそれだ。四つ以上の衛星からの電波を受信して三次元の位置を知るこのシステムは、自動車のみならず、腕時計や携帯電話にまで組み込まれ、わたしたちの生活にとって必需品のひとつになってきた。そこで起きた問題は、日本測地系で定められている値と、GPSの信号からの値のあいだにある差である。その差は経緯度で一二秒、距離にすると四〇〇メートルほどになる。さらに日本各地でこのズレが微妙に異なり、大きくなると五〇〇メートル近くなる。東京付近でカーナビに地図上の経緯度をそのまま入力し、それにしたがって運転すると、四〇〇メートルほどズレたところに到着してしまうことになる。日本のような密集した市街地ではまったく使いものにならない。そこで明治以来の日本独自の測地系を廃し、国際標準に切り替えるという歴史的転換が必要になったのだ。小学校の頃から、わたしたちは標準子午線のとおる町「明石」の名に親しんできたが、世界測地系の東経135度の子午線は、日本測地系のそれより二六〇メートル東を通ることになった。

明石という固有名を想起することには意味がある。グローバリゼーションや世界標準という言葉は、頻繁に使われているわりに、実体が判然としない。世界化する主体には固有名はないのだろうか。標準化するのはいったいどこの誰なのだろう。世界測地系の原点がイギリスのグリニッヂ天文台にあることは誰もが知っているが、それではイギリスが標準化の主体なのだろうかと言えばそうではない。GPSを運用しているのはアメリカである。表現はいろいろあるが、グローバリゼーションも標準化も「アメリカニゼーション」の発現であろう[1]。

そのことを、前回にも紹介した沖縄県公文書館の資料を見ていて感じた。日本測地系から世界測地系に変ったのと同じ月に、公文書館では空中写真の公開が始まった。これは米国国立公文書館から収集されたもので、米軍が一九四四年から四五年にかけて沖縄各地で撮影した写真である。写真はデジタル化され、撮影地域ごとに分類されており、閲覧用のコンピューターを操作しながら、見たい部分を拡大することができる。自分の眼を空に置き、ズームしながら目的地に迫ってゆく。また沖縄戦の前後に撮影されている地域では、爆撃前と爆撃後の写真を比較することができる。つまりこの空中写真資料は、空間的な尺度だけでなく、時間的な尺度も併せ持っているわけである。

沖縄県公文書館の特徴のひとつは、アメリカが作成し、そのまま埋もれている資料が収集されて、歴史にたいする新たな視角を提供しているところにある。ゴードン・ワーナー文書と呼ばれている資料もそのひとつだ。琉球列島米国民政府いわゆるUSCARで教育局長を務めたゴードン・ワーナー氏が寄贈した沖縄関係の資料で、そこには沖縄戦から占領初期の写真や映画が多数含まれている。先日も、キッシンジャー時代の資料から日米間にあった「密約」の存在が確認されて話題になったばかりだが、こうしたアメリカ側からの資料公開によって沖縄史研究は新たな段階に入ってゆくだろう。

このゴードン・ワーナー文書には地図も含まれている。公文書館が出しているニューズレター「アーカイブズ」の表紙で知ったのであるが、それは沖縄と離島を含めた立体地図で、北緯26度から27度、東経127度30分から129度00分の範囲が示されている。立体になっているのは島の地形で、中央部の起伏がかなり細かく表現されている。地名は英文を主に和文も加筆されていて、米軍の飛行場の位置も示されている。

しかしわたしが注目したのは、立体の部分ではなく、島の周囲にひろがる海洋の部分だった。ふつうこうした地図だと、水深と岩場が記載されているくらいであるが、目を凝らしてみると周辺の海底の地質が実に細かく書かれている。岩やサンゴ礁ばかりでなく、貝殻、砂、砂礫層、泥といった地質がところによっては数百メートルごとに記されているのである。この情報が何の役にたったのかは詳らかにしないが、少なくとも米軍が陸地だけでなく周辺海域も含めて調べあげたことだけは確かだろう。公文書館によれば、地図そのものには作成年の記載はないが、記載されている情報から判断して、一九四五年頃の作成ではないかと言う。もしそうだとすれば、沖縄戦が終わってまもなくして、これだけ詳細な立体地図が作られていたことになるわけである。

わたしが見ていたのは、半世紀以上はやく、「世界測地系」のなかで作られていた地図なのであった。「アメリカの世紀」を支えてきた力は、おそらくこうした細かな地図にもあるだろう。ＧＰＳに象徴される「世界標準」の世界は、実はいくつもの固有名詞について実に詳細な情報を蓄積することによって実現されているのである。

少数言語の装い

毎年七月の最後になると、バイヨンヌの町は赤と白と緑の三色に包まれる。フランスの大西洋岸、スペインに近いバスク地方の中心地のひとつバイヨンヌの祭りが、今年七〇年目を迎える。一週間のあいだバスク地方の歌と踊りが町中で繰り広げられるのであるが、そこに参加する人々はほぼ例外なく、この三色で身を包むのである。一般的な服装は白の上下に赤い帯を巻き、黒か赤のベレー帽。それが緑の装飾によく映えるのだが、それは服装だけでなく、バスク地方の衣食住すべてに共通する、基本色である。

緑はバスクの大地の色である。ピレネー山脈のなかに残る、古代ローマの道は深い緑に隠されており、その山の裾野をつつむ柔らかい牧草地には新石器時代のドルメンがあちこちに残っている。高さはそれほどないが、大西洋から吹きつける大風の日にも微動だにしない樫の木も、バスクの人々の力強さを表すシンボルである。

その緑の丘陵に点在する大きな家の壁は純白である。バスクの伝統的な家は、大家族制を反映して、木造ながら四階建の建築も珍しくない。築三〇〇年、四〇〇年の家になると、壁は分厚い石造りになり、まるで城壁のような石組みが、小さな窓の四方を囲んでいたりする。

さらに壁をのぞく家の他の部分は赤く塗らなければならない。屋根、柱、バルコニーの手摺、よろい戸から雨樋にいたるまで、赤い。その赤はややくすんだ、オーカーに近い赤が多い。屋根瓦も明るい褐色系が多く、丘陵の上から眺めると、緑のテーブルクロスのうえに、トマトと白玉葱を転がしたような感じになる。このふたつの野菜もまたバスク料理の基本材料であり、これに緑色の唐辛子があれば、たいていの料理の付け合せになる。わたしは、これほど同じ色の組み合わせが、衣食住のあらゆるレベルに浸透している文化は、他にあまりないのではないかと思う。

この原稿を書いているバスク博物館は、バイヨンヌの旧市街の一角にある。八〇年代半ばに閉鎖され、移転問題などでもめたのち、長い改装期間を経て、今年やっと開館したこの博物館は、ひとことで言えばバスク歴史民俗博物館である。先史時代に始まり、キリスト教化の時代を経て、近代に至るバスク地方の歴史と民俗を、多くの資料とともにたどっている。いわゆるバスク地方は、フランスとスペインの両国に分断されてきた歴史がある。両国による別々の同化政策のしたで、基本的にはバスク語の公的な使用を認められないまま、いかに文化的な同一性を保持するかに苦労してきた経緯があるが、EUの進展にともなって、徐々にバスク語を再評価し、積極的に使用する動きが生まれている。バスク博物館の再開も、この動きと無縁ではない。

博物館のなかには、バスク文化とバスク語を中心的なテーマにした図書館が設置されている。博物館は一九二四年以来、「バスク博物館紀要」を出しているが、その蓄積が詰まっている図書館である。一般向けとは言えないが、バスク語という特殊な言語が、しかも一般的な傾向としては消えざるを得ない少数言語のひとつである言語が、これだけ研究され、しかも続々と出版物が出されているということに、まず感動する。内容はピレネーにのこる石器時代芸術、一一世紀に遡る捕鯨の歴史、新大陸への移民の歴史、バスクとローマ帝国との接触、そして言語的起源の研究と非常に幅広い。「謎の民族」などと言われるだけあって、研究テーマはあらゆる分野にまたがっているのである。ただ本棚にいっぱい詰まった紀要を取り出して読むだけで面白く、一日があっという間に過ぎてしまう。いま手元にあるのは一九八四年発行の第一〇四号であるが、ページをめくると、次のようなタイトルが目に入る。

「バスク語の歴史家――一八世紀の例」バスクの歴史を多少知る者には、非常に魅力的なタイトルである。というのも啓蒙時代のフランスに、バスク語で歴史を語る者などいるはずがないからである。ところがこの論文によると、フランス国立図書館に保存されている古文書のなかに、それに類する書物が、少なくとも二種類ある。ひとつは『バスクの哲学』と題された、二〇〇ページあまりの本、もうひとつは『格言と散文』と題された四〇〇ページのもので、どちらも手稿本のまま保管されている。内容は前者がタイトルとおりに哲学に関するものであるのに対して、後者は歴史・政治・宗教・言語に関する基本的な考えをまとめた立派な思想書である。論文は、バスク語で書かれた、おそらくもっとも古い思想書の著者が、ジュセフ・エギアテギ（Juseff Eguiateguy）なる人物であったことを突きとめている。

紀要によると、ジュセフ・エギアテギはバスク地方のなかでも、もっとも山奥に位置するスル地方の出身である。それほど高い身分ではなかったにもかかわらず、バスク地方の民族主義的志向を強く打ちだすとともに、貴族階級による伝統の継承を訴えるという、独自の立場を表明していて興味深い。共和制の徹底した普遍主義と地方主義とが対立する現在の状況からすると矛盾した態度のように思えるが、フランス革命以前のバスク地方の文化状況からすれば、理解可能なのかもしれない。それよりも当時、バスク語によって宗教や政治への思索が表明されていたということ自体が驚くべきことである。たとえそれが手書きの文書にとどまり、誰の目にもとまらなかった可能性が強いにせよ、である。

スルといえば、現在でもバイヨンヌの人々さえ「秘境」というくらい、閉鎖的かつ独特の習俗を保っている地方である。一七世紀にそんなところに生まれ育った人間が、どうやって政治的な思想を獲得したのだろうか。だが国立図書館の書庫で眠り続けながら、二五〇年後にこうやって発見され、さらにそれがユーラシア大陸の反対側にある島国の人間の目に留まることだってあるのだ。希望を捨てずに、何でも書いておくことが大切なのだと、窓辺にちらつく三色の人々の影に思うのである。

廃墟から廃墟へ

ひさしぶりにベルリンを訪れた。東西の国境がなくなってから、人間ならば「ひとまわり」

になるが、人間以上にこの街は変わってしまった。とくにミッテからアレクサンダー広場にかけての変貌ぶりには言葉もない。かつて東側にあったこの界隈は、いまやかつての西側以上に洗練された新都心になってしまい、ウンター・デン・リンデンの並木道がなければ、思い出すことも難しい。八〇年代から九〇年にかけて壁の崩壊前後を知る者にとって、現在のベルリンの再開発計画は、誇大妄想の感がないでもない。

ポツダム広場には巨大な「ソニーセンター」が聳え、ブランデンブルグ門にかわる、新しいベルリンのシンボルとなっている。目立つのは一九世紀の歴史的建造物の修復と、二一世紀の情報テクノロジー産業の進展で、あいだの二〇世紀がどんどん霞んでゆくような気がする。ポツダム広場周辺はまだまだ開発が進行中で、「壁」がいかに巨大な面積を占めていたかにあらためて驚かされる。有名な検問所「チェックポイントチャーリー」跡には世界中からの観光客が押し寄せ、その脇にある「ベルリンの壁」博物館には行列ができている。人類に黙示録的な恐怖を与えてきた冷戦時代の象徴が、たった一二年のうちにこれほど大衆的な観光名所になりはててしまうことを、誰が想像しえただろう。わたしは次々に駐車する二階建て観光バスを避けながら、二〇世紀の匂いを求めて、わずかに壁の残骸が残されているプリンツ・アルブレヒト通りへ向かった。

ここはかつて第三帝国の暴力装置が集中していたところで国家秘密警察本部、親衛隊本部、帝国保安警察本部などがあった。八〇年代後半にゲシュタポ監獄の廃墟を利用して、この呪われた土地の記憶を掘り起こそうとする展覧会「恐怖のトポグラフィー」が開かれた。展覧会の後、一九九二年に「恐怖のトポグラフィー基金」が創設され、いまは恒久的な博物館のための基礎工事が始まろうとしている。文字通り「恐怖の機械」だったゲシュタポや親衛隊の記録写真と地形図、そして詳細な解説を収めたパネルによる展示はいまも見ることができる。兵士の遺骨が発見されて話題になったこともあり、ここ一〇年間のあいだに訪れた人の数は、この場所が有数の史跡となっていることを示している。

壁の残骸に沿って歩いてゆくと、マルティン・グロピウス・バウがある。優れた内容の展覧会を企画することで知られるこの場所で、この夏は「ヒッタイト展」が話題になっていた。小アジアの古代世界を多くの考古学資料とともにたどる内容であるが、わたしはあえてそこを短時間で済ませ、建物の最上階で開かれていた「9・11」に向かった。タイトルの通りWTCを襲ったテロの惨劇をとらえた写真展であるが、昨年以来世界各国で続いている展示や出版物とはどのように違うのか知りたかったのである。

ベルリンでは八〇〇〇枚以上の写真がすでにWEB上で公開されており、展覧会は公開されているデータをプリントアウトし、ペーパーのまま天井から吊り下げるという展示方法をとっていた。したがって画像のクオリティはそれほど重視されていない。額に入れて飾るような内容のものではないのかもしれないが、しかし非常に大きな動員数を記録していた。吊り下げられているイメージは、すでにマスメディアをとおしていやというほど見せられてきたものだ。断片化された記録がわたしにはデパートのバーゲン売り場のように見える。

やがて紙の列のあいだを歩きながら、一枚一枚の写真に撮影者の名が記されていないことに気がついた。見落としていたのであるが、入口に掲げられた主催者の意図によれば、このような前代未聞の悲劇を記録した写真に、「イメージの著者」を認めることに意味はないから、撮影者の名をはずしたということである。誰が記録したのかよりも、どれだけの人がこの悲劇を目撃したかのほうが重要だということであり、さらに「全体的な目撃者」が見たシーンを、著作権にとらわれずに見せるのが「民主的な展示のありかた」なのだそうだ。

「匿名」で「民主的」。わたし自身は、この企画者の考えににわかに賛同はできないが、しかし集団と記憶のありかたについて、考えなければならない多くの問題が示されていることは確かである。第三帝国の廃墟と世界貿易センタービルの廃墟のあいだにひろがる、イメージと記憶の変容について考えるうち、ヴィム・ヴェンダース監督の映画『ベルリン天使の詩』のワンシーンを思い出した。あの美しいモノクロームのトーンが描いたベルリンは、いまや失われつつあるわけだが、一箇所だけ映画のなかの雰囲気がそのまま残っている場所がある。市立図書館の閲覧室である。

わたしはこの図書館の高い天井とライトが好きで、最初にこの映画を見たとき、なぜふたりの天使がそこに佇みながら、人々が開く本を覗いているのかがよく分かるような気がした。背広を着た老ホメロスが分厚い写真集をめくっているシーンを、なぜかはっきりと覚えている。彼が熱心に見ているのはアウグスト・ザンダーの写真集『二〇世紀の人間』である。第一次大戦と第二次大戦のあいだにザンダーは、生まれ故郷の土地を中心に、農民から銀行家や芸術家さらに乞食まで、社会のさまざまな階層のドイツ人のポートレートを記録し、写真史上に残る傑作を残した。老詩人は震える手つきで、この写真集をなぜか後ろから眺めてゆく。廃墟のなかへ後ずさりしながら入ってゆくように、ホメロスは写真のなかの人々へその手を伸ばしながら、別れを惜しんでいるようにも見えた。

図書館のなかは、大きなコンピュータースペースができたほかは昔と同じように広々として静かで、わたしはオンラインで数冊の本を予約した。映画のなかのように、書棚の脇に立ちながら、それぞれの書物のなかに没頭している人々をぼんやり眺める。二一世紀の廃墟にも天使がやってくるだろうかと思い、耳をすませてみるけれど、囁きはもちろんのこと、翼の音さえも聞こえない。ただページをめくる音だけが、ときおり、二〇世紀の記憶にさざ波を立てるばかりである。

予兆の書物

人間の知的活動の変化のなかで、もっとも驚くべきことのひとつは、おそらく読むという活動である。ほんの一〇年前まで、わたしたちは本や雑誌や新聞を読むときに、それらの媒体が両手にある状態をあたりまえのこととして考えていた。今は違う。本も雑誌も新聞も両手にはなく、目の前にコンピューターの端末があり、片手はマウスを操作している。〈紙に文字が印刷されているものを読む〉という活動は、人間にとって確かに長い歴史をもっているが、それも尺度の取りようによる。粘土や石に文字を刻んでいた時代を出発点にすると、書物の時代はむしろ短い。それは石と電子とのあいだにはさまれた、例外的な時期であったと認識される日が、千年後に訪れないとも限らない。千年後に何を読んでいるかは別にして。

ベルリンの新たな中心地となりつつあるアレクサンダー広場から、ペルガモン博物館へとむかう。何度訪れても、メソポタミアからギリシアにいたる古代世界の遺跡が、空から降ってきたかのような錯覚を覚える。その壮大な神殿や門のあいだに置かれた夥しい数の粘土板も驚異の代物である。その物質としての脆さと刻まれた楔形文字の緻密さの対比に、眩暈を覚えるのである。

この壮大な建造物のなかでわたしが気に入っている場所のひとつは、テラコッタの大きな壺が陳列されているコーナーである。本来は穀物などを貯蔵するための壺であるが、そのなかのひとつに、粘土板が詰まっているものがある。寝かせた壺の口から粘土板がこぼれているように展示してあるのだが、なぜかそれを見るとほっとするのだ。メソポタミアの人々も、書物の保管に苦心していたのだろうな……。身動きもままならぬほど本に占領された書斎にため息をつくたびに、わたしは壺からあふれ出る粘土板を想うのだ。

これらの粘土板に書かれている内容は、多くの研究書や展覧会がすでに多くを明らかにしてきている。世界最古の文字体系の解読に、写真術の発明者のひとりがかかわっていたという話を以前書いたことがあるが(英国で写真を発明したフォックス・トールボットである)、知的興奮を呼んでやまない楔形文字解読の歴史もさることながら、最古の文字を発明した人々が、これらの文字をどのように認識していたかという問題も同様に興味深いものである。これについては、フランスのアッシリア学者として名高いジャン・ボテロの一連の研究から、わたしは多くを教わった。ボテロによれば、楔形文字を使用していた人々は、わたしたちが文字を使用するのとはかなり違った考え方をもっていたようである。普通わたしたちは文字を、それによって何らかの意味を伝える記号として使っている。「象」という文字を書いたからといって、そこに象が出現するわけでもない。文字が、象という動物を代替しているわけでもない。しかしメソポタミアの人々は、少し違っていたようなのだ。ボテロはこれを次のように表現する。

「文字を発明した人々や使用した人々の精神を特徴づけ、さらに規定したのは、まさに彼らの文字システムがもつ〈実在性〉であった。書かれた文字を、そこに彼らが記した事柄の直接の反映、真の代替物と捉えることを当然としていた彼らにとって、書かれたものと実体、名前と〈もの〉とのあいだを行き来することはごく自然なことであった。」(『メソポタミア』松島英子訳、法政大学出版局より)。

彼らにとっていかに自然なことであっても、文字がもつ「実在性」という概念は、わたしたちにとってそう簡単に理解できるものではない。しかしわたしたちはまず、メソポタミアの人々が、彼らの世界を、神々という超自然的な存在がその運命を決定する世界であると考えていたことを念頭に置かなければならない。かの有名な「ハンムラビ法典」が示しているように、王の決定は石や粘土に刻まれて布告された。もし神々がしかじかの計画にしたがって個人や集団の運命を決定しているならば、君主の決定と同じように、その内容がどこかに書き記され、布告されているだろう。問題はいつどこに、どのようにして神々の意思が書かれるかである。

ボテロによれば、メソポタミアで発見されている夥しい量の粘土板に書かれた「卜占」がそれにあたる。天体、動物や植物の生態、天候、人間の身体など、およそあらゆる事象に現われる〈異変〉は、神々の意思の表明として慎重に観察され、記録された。奇妙で異常な現象や物が何を意味しているのかを読み解いて、それにかかわりをもつ個人や王や国の未来についての、〈決定〉を推論すること、それがメソポタミアの卜占だったのである。

これを単なる迷信とみると、話はここでお終いになる。しかし普通の人が迷信とみるところに、ボテロは科学的精神の萌芽を指摘する。粘土板に書き記されている卜占は、天文学から心理学まで、およそ今日の科学的好奇心にまさるとも劣らない森羅万象を対象としている。さらに彼らは事象を観察して記録するだけでなく、そこに含まれているもうひとつのありうべき内容、すなわち可能な未来へ到達するための判断をくだしている。

ボテロによれば、三万点以上発見されており、いまなお解読を待っているというこれらの卜占は、超自然的存在が広い意味での自然のうえに刻みつける、さまざまな痕跡を読解し推論する、真に科学的な精神の第一歩だということになる。予兆を神々の書きつける文字と信じていた人々にとって、粘土板はわたしたちにとっての書物以上の何ものかであろう。読むことは、ありうべき未来を知るための真摯な精神の活動であり、それ以外のものではありえなかったはずである。電子空間に書物の未来を謳うわたしたちの文明にとって、読書は同じように真摯な活動でありつづけるだろうか。

書物の三つの革命について（1）――「波の化石」

「波の化石」というものがある。珊瑚礁に守られた浅瀬の底に、きれいな波模様ができているのを見ることがある。どこの海だったか、灰白色の縞模様が海面を照らす太陽の光のなかにゆらめいて、古い羊皮紙本の波打つページを見ているようだった。なにかの条件で、そうした水底の状態がそのまま保存されることがある。波紋のついた砂地や泥地が、そのまま化石化して残るわけだ。これが波の化石で、わたしはスイスのローザンヌにある美術館の入口ではじめて目にした。大きな石は、レマン湖の湖底が石化したもので、表面に美しい波のパターンがついている。時間の切片とでも言おうか。膨大な時間の塊を、ナイフで薄く削り取ったようだ。まるで、ある日ある時、群青色の湖面にたった波が、遥かな時を超え、とつぜん目の前に現れたような気がした。化石には解説がつけられている。

「これは一種の写真です。化石のかたちで、太古の昔に残された、波の痕跡は光の痕跡としての写真の、先祖かもしれません。」

写真美術館なのでそう書いたのであろうが、なかなか洒落た解説である。写真は、光によって残される、瞬間の痕跡だからである。痕跡は、自然がつくる。はるか昔に残された生命や現象の跡は、自然のなかに無数に存在している。ただ人間だけが、それを何かの痕跡として読むことができる。波模様の化石をつくるのは自然であるが、そのかたちから「波」という現象を読み解き、古代のレマン湖を想像するのは人間だけである。

あるとき人間は、自ら痕跡をつくりだすことを始めた。いつどこでどのようにして、という問いは永遠に答えを与えられないかもしれないが、文字と呼ばれる痕跡が現れるのは、メソポタミアが最初であったとされている。博物館で見ることのできる、印章や粘土板がそうだ。図案の彫られた石の筒を柔らかい粘土板のうえに転がしてゆくと、同じ図案が帯状のパターンを描いてゆく。痕跡という自然現象を、記憶のための技術として利用したはじまりである。「書物」という人類最大の財産リストの最初のページに現れるのは、自然現象としての痕跡を文化現象として扱うことを思いついた、この発明である。

技術というものが、すべて自然のなかから取り出され、自然を変えてきた人間の力だとするならば、痕跡もまた技術である。ただそれは、火や石斧や土器のように目立ってはいない。痕跡は、火や石斧のように、直接物質に働きかけて、破壊したり変形するものではない。その意味で、痕跡は、間接的である。痕跡は必ず、それを読み解く誰かが必要であり、その誰かがいなければ、痕跡はただの自然現象でしかない。読み解かれることによって、痕跡はそれを作り出した誰かの考えや意思を伝える。痕跡は火や石斧のように、直接世界に働きかける代わりに、世界を伝えるのである。

人間が痕跡を文化現象としたときの、最大のポイントは、「型」の発明であろう。これは自然をそのまま真似たものではない。化石は一回性の現象である。基本的にひとつの化石にはある個体やある現象が対応する。同じ恐竜の足跡であっても、地面の状態や歩きかたによって、それぞれの足跡は微妙に異なっている。メソポタミアの印章は、そうではない。ひとつの型から、無数の痕を生み出すことができる。言い換えれば、人間は痕跡から複製という技術を発明したことになる。さらに重要なことは、複製が力であることを意識できたことである。

メソポタミアやエジプトの印章が如実に物語るように、そのはじまりから「型」は権力のシンボルだった。柔らかい表面に残されたパターンは、その人の徴であり、その人の力の影響を示すという意味で、その人の力の徴だった。どちらが先に生まれたのかは、分からない。政治的な権力が先で、複製が後であろうか。その逆であろうか。ともかく両者が互いを必要としていることは間違いないだろう。正確な複製はそれを可能にする権力を必要とするし、権力はシンボルを広い範囲に伝えるための複製技術を必要とする。

今日の世界で、実用的な技術としてハンコを使い続けている数少ない社会のひとつである日本では、このことは自明のこととして受け取られている。「実印」あるいは「印鑑登録」が示すように、複製される「型」は、それを所有する人の権力のシンボルにほかならない。もちろんわたしたちは、宅配便の受け取りに認印を捺すたび、自らの権力を意識しているわけではない。やはりこの点でも痕跡は目立たないわけであるが、少なくともハンコを複製技術として見るならば、そこに長い歴史を認めないわけにはいかないだろう。

今からおよそ六五〇〇年前に二つの河のあいだで生まれた発明は、書物を生んだ最初の革命であった。今日にいたるまで、本というものは、この最初の革命を受け継いでいる。変わったのは、ひとことで言えば印刷技術である。一度に複製できる量の向上、複製の質の向上、複製の速度の向上……それは手作りの印章とはとても比較できるものではないけれど、同一の型から無限の痕跡を生み出す技術という基本的な性質自体は変わっていない。

おそらく複製の速度と量によって変わりつつあるのは、痕跡ではなく、それを読み解く誰かのほうかもしれない。痕跡に、かつてのような力を感じ、その力を読み解こうとする心のはたらきのほうが、変わりつつある。そんな気がする。波の化石に、在りし日の水や風の力を読むには、こちらにもそれなりの力が必要である。通常、わたしたちはそれを想像力と呼んでいるが、いま痕跡は、かつてそれが前提としていた想像力を、期待できるだろうか。

同一の型から生み出された無数の徴を通して、いまここにはないが、どこかにあるかもしれない考えや意志を読み取ることができているかどうか。わたしたちの社会は、この点において、まだまだ古代の文化を必要としているように思う。

書物の三つの革命について（2）——手鏡と聖書

自然現象である痕跡が文字や図像の複製へ利用される過程で、もっとも大きな役割を果たしたのは、おそらく「信仰」だろう。木版印刷が中国や日本で発展するのは仏教の伝播を核にしているが、必ずしもお経ばかりが印刷されたわけではない。大量に複製されたのは、むしろお札やお守りといった、庶民のあいだに流通する文字や図像だったはずである。歴史の本に残るのは、すべて「大きな信仰」の物語であるが、その余白には、庶民の心が伝えてきた「小さな信仰」が隠されている。中国人による紙の発明が、アラブ文化経由でヨーロッパに伝わるには、およそ千年にも及ぶ時間の開きがあるが、そのあいだに東南アジアでは、陶製、木製、金属製などさまざまな活字の実験があったことが知られている。

痕跡にまつわる信仰の一形態として、興味深いのは、遺物である。英語で言うレリック（relic）は宗教的な意味で使われる場合、聖遺物と呼ばれることもあるが、教祖や聖人にちなむさまざまな物質は、今日でも多くの信者によって尊ばれている。聖人や教祖の身体や衣裳に直接の関係をもたないモノでさえ、わたしたちはそこに何らかの「ご利益」を信じて、持ち帰る。お香の煙を手にとって頭を撫でる人々や、有名なルルドの教会のように湧き出る清水を聖水として、せっせとペットボトルに詰める信者たちも、そのような「ご利益」あってのことだろう。

わたしはマニラのとある教会でみた光景が忘れられない。キアポ教会と呼ばれるその教会は、もっとも庶民に人気のある教会で、特に古いキリスト像「黒いナザレ」のあることで知られている。メキシコから太平洋を横断してきたこの木像は、十字架を担いでひざまずくイエスの踝(くるぶし)が、ちょうど教会の壁の部分から見えるように配置されている。その踝に触れると病気が癒されるという信仰があるらしく、まるで磨かれたようにツルツルなのだ。わたしが訪れたのは、ちょうど復活祭の当日で、教会は大群衆に包まれて近づくことさえ困難なほどだった。教会のなかへ入るのを諦めていると、その「黒いナザレ」のあたりから出てくる人々が、手に手にハンカチを持っているのが見える。尋ねると、地方からやってきた人々がお土産にと、イエスの踝を撫でるためにハンカチを何枚も用意してきているのだった。つまり「黒いナザレ」を撫でたハンカチは、同じようなご利益が期待できるからである。木像をちょっとばかり撫でるだけであるから、見ただけでは分からない。つまり「キアポ教会に行った」

という事実だけが重要で実質的にはただのハンカチなのだ。こんなところにも信仰と複製の深い関係があるのだが、もしかするとこれは究極の遺物かもしれない。

痕跡と複製の発明に続く書物の革命が、グーテンベルグの名によって代表されていることは、いまさら言うまでもない。一四世紀の末に生まれたとされるグーテンベルグが、マインツで最初の活版印刷に成功するのは一四五〇年頃のことである。その間の生涯はあまりはっきりとはしていない。ストラスブールに滞在していたことは確かである。その頃すでに活字を鋳造する実験に勤しんでいたとも伝えられるが、正確なところは分かっていないようである。はっきりしているのは、一四五二年から五五年のあいだにかの有名な『四十二行聖書』が出版され、書物の歴史に大きな転換をもたらしたということだ[2]。

その発明がどれほど待望されていたものであったか。もちろん当時のヨーロッパ社会における識字率の低さからすれば、今日の出版状況と比べるべくもないだろう。しかしグーテンベルグの発明は、当時の社会のなかで孤立していたものでもなかった。印刷術が拡大するプロセスについては、多くの研究があり、印刷所の数も研究者によって違いがあるが、一〇年後の一四六〇年頃には、ドイツ語圏を中心に少なくとも六〇の都市が印刷所を備えていたとされている。一五世紀末にはその数は二五〇に増加し、ヴェネチア、ローマ、パリ、リヨンといった主要都市がすべて印刷所をもつにいたっている。

グーテンベルグの活版印刷は複雑であり、それには大規模な投資が必要だった。一五世紀の社会と経済が印刷技術を必要としていなければ、このような速やかな普及は考えられないだろう。たとえば歴史家のアンリ＝ジャン・マルタンは、一五〇〇年以前のヨーロッパには、すでに二千万冊の書物が普及していたとみている。大半はラテン語で、その半数以上が宗教書であったと推測されているが、それでもこの数は、印刷と出版がそれ相応の読者数に支えられていたことを示している。ギリシア古典、文法書、科学書、地図そして文学。発明から半世紀のうちに、ほとんどあらゆる分野の書物が印刷出版された。たとえばダンテの作品の初版は一四七二年、プトレマイオスの『地理学』は一四七七年から七八年にかけて出版されている。プトレマイオスの世界地図はボローニャで印刷されたが、その読者のひとりにコロンブスがいたことはよく知られている。

まさに知の大革命を起こしたグーテンベルグであるが、その謎の多い生涯のなかで、一箇所だけ興味を引かれる部分がある。一四四〇年頃グーテンベルグはストラスブールで、巡礼者用の手鏡の製造に携わっていたことが分かっている。この手鏡は、アーヘンの教会へ巡礼に行く人々が、当地の聖遺物が放つ光を受けるために持参するものだった。遺物からの光を受けた凸面鏡が、後々まで聖なる光を反射すると信じられていたわけである。巡礼者用の鏡といってても要するにお札の類のものなので、それほど精巧ではないはずだが、大量に製造するとなると、鉛と錫の調合が重要なポイントとなる。今日の研究では、グーテンベルグがこの手鏡の製造に携わる過程で、金属活字を鋳造するための技術的な実験を行ったのではないかと考えられている。

グーテンベルグは、活版印刷の最初の最初に、『四十二行聖書』という、印刷史上もっとも美しく貴重な傑作を、しかも二〇〇部以上も残したのだから、これは革命と呼ばれるに相応しい偉業である。印刷術が宗教改革という一大転換を促したことは、どの歴史書を開いても出てくる大事件だろう。だからこそ活版印刷という革命の余白に、聖遺物の光を受けるための手鏡という「小さな信仰」があったことが、わたしには忘れることができない。ストラスブールを訪れるたび、大聖堂の鐘の音を聞きながら手鏡を磨いていたであろう、グーテンベルグの姿を想うのだ。

書物の三つの革命について（3）――ページを捲る電子の手

わたしたちは、知らない単語や意味の分からない言葉に出会ったときに、辞典や辞書にあたる。このとき「辞書を引く」と言うのだが、この「ひく」という表現はなかなか面白い。車を引く、三味線を弾く、船を曳く、関心を惹く、豆を挽く……「ひく」という動詞は、具体的に何がひかれるかによって異なる漢字が使われるが、いずれの場合にも物理的な動きをともなっている。ひかれるものが何であれ、そこに共通しているのは、エネルギーの移動であろう。物理的な仕事量が、物を移動させたり、音を発したり、ひかれるものの状態を変化させたりする。注意を「ひく」のは、物理的な状態の変化を、心のはたらきのアナロジーとしているわけで、実際何かに惹かれるとき、わたしたちは感情の変化を認めている。

しかし辞書にあたるときにわたしたちが行うのは、ふつう本を読むときと同じ動作であって、そこに格別な動きがあるわけではない。引用するという意味では、辞書の内容を「引く」とも言えるが、わざわざ「辞書を引く」と言うのは、それが読書とは異なる経験だということを、示しているからにほかならない。音や文字の順によって配列された言葉を探しあてて意味を知り、さらに関連する項目を調べる。このときわたしたちは、そこに書かれている内容を確かに読んではいるが、しかし「読書」しているわけではない。

英語やフランス語では、ここのところを「辞書を見る」と表現する。ここには、読むことが記憶や推論や理解といった知的活動と一体になった経験であるのに対して、辞書を引くことは表面的な視覚活動というニュアンスがある。さらに言えば、読書が一定の時間持続する経験であるのに対して、辞書にあたるのは、一時的な動作である。「引く」という表現がふさわしいのは、それが両者の時間的な違いをうまく表現しているからでもある。もちろん辞書を読むという経験も成り立つわけで、それは必然的に辞書を引くこととは異なるものになる。

コンピューターの急速な普及によって引き起こされた書物の革命のなかでも、もっとも目覚しいのは、辞書の電子化だろう。何十巻もの百科事典が一枚のＣＤ‐ＲＯＭに収められ、日常的に携帯できる。項目によってはインターネット上に設けられたそれぞれの関連サイトとリンクして、常に最新の情報にアクセスすることが当たり前になっている。このように電子化された辞書を「引く」という表現がいつまで使われるかは分からない。身ぶりに限って言えば、「引く」というよりも、「叩く」に近いだろう。電子辞書を引くには、いくつかのキーを「叩く」必要があり、さらに関連する項目を探してゆくには、キーワードを「打ち」込んで、「探す」のボタンを画面上で「クリック」しなければならない。「叩く」も「打つ」もこれまでの辞書に「あたる」際には存在しなかった動作であり、やがて辞書を「引く」は辞書を「見る」という表現にとってかわられるようになるかもしれない。

電子化による劇的な変化は、いずれすべての書物に及ぶだろう。過去に刊行された貴重な本が電子化され、誰でも閲覧が可能になる。たとえばグーテンベルグ聖書の電子化とインターネット上での公開は、世界的に注目された例である。最近では大英図書館（ブリティッシュ・ライブラリー）が刊行しているＣＤ‐ＲＯＭのシリーズが面白い。これは大英図書館が所蔵している古文書のなかでも特に美しく、そして閲覧が困難な本を電子化したものだが、五〇〇年以上昔のコーランや彩色写本が家庭のコンピューターでも鑑賞できるのは、それだけでも驚くべきことだ。電子書物の利点は、ページの細部を拡大して鑑賞したり、画面を見ながら解説を聞いたり、関連する資料映像を引き出すことができる、一言でいえばマルチメディアとしての利用ができるところにある。シリーズのタイトルは、ちょっと変わっている。「Turn the Pages」すなわち「ページを捲る」というのだが、読んで字のごとく、電子化された本のページをコンピューター上で「捲る」というのが、このシリーズの特徴なのである。たとえば英国中世の彩色写本のなかでも特に美しいとされる『シェルボーンの祈祷書』では、手書き文字の細部にズームしながら、収められているミサの楽譜を実際に音楽として聴くことができる。次のページを捲るには、マウスを動かすだけでよい。実際に羊皮紙のページが捲りあがり、次のページが現れるのであるが、わたしはこの一見するとなんでもない動作に、シリーズ全体の本質があるように思う。注意してみると、かなり細かく作りこんでいるのが分かるのだ。たとえばページが捲りあがる際に、影ができる。見開きに落ちる影は柔らかく、気づかないくらいなのだが、この影があるとないとでは「捲っている」感覚にかなりの違いが出るだろう。また捲りあがるときに羊皮紙がつくるカーブも、ページによって微妙に変えてある。これもにわかには気づかないが、あたかも読み方によって、ページを捲るスピードが違っているような感じを与えるのである。

読書の経験は、同じ本なら、誰が読んでもすべて同じように見えるが、実際はそうではない。場所と時間によってページがつくる影には違いがあるし、ページを捲る指が違えば、それが作り出す形も違うのだ。そんな当たり前のことを電子化された書物が気づかせてくれるというのも皮肉なものだが、つまり読書の経験が千差万別なら、本の電子化も千差万別だということだろう。大多数の電子本は書かれている内容が電子テキスト化されているだけであるが、この大英図書館の例のように物質としての書物を、どのようにしてコンピューター上で体験するかという問題に挑戦している例もある。このとき、わたしたちはどうしても、身体経験としての読書を吟味しなければならない。「引く」という動作が気になってくるのも、同じ理由からなのだろう。

本を養う

イギリスの図書館で読書をしたり、調べものをしている人にとって、昨年の秋から少し気になることがある。わたしはオックスフォードで午後一〇時まで開いている図書館で仕事をしているので、夕方五時頃に出かけることもあるのだが、突然「今日は午後六時まで」という張り紙が玄関に張り出されていたりする。理由は、消防士のストライキだ。別に被害というほどのものではないが、ストのある日は、図書館が早めに閉まる。大火災を経験しているロンドンだけでなく、どこでもそうらしい。イギリスではファイア＝火事という言葉は、他のヨーロッパのどの国よりも、切実な響きを持っているような気がする。

書物の邦。日本では地震、雷についで三番目であるが、ここではきっと怖いものの第一に火事が来るに違いない。ロンドン、オックスフォード、ケンブリッジ……大小の図書館が英国のというより、人類の記憶を書物のかたちで保存しているこれらの都市にとって、消防士のストライキは深刻な問題である。イラク攻撃の姿勢を明白にしている現政権に対して、石油のための戦争などに加担するよりも、自国の消防士たちの賃上げ要求に答えるほうが先ではないのか、という批判が聞かれるのももっともなことだと思う。

大英図書館の特別展示室には、この図書館が誇る貴重な資料が惜しげもなく陳列されている。粘土板、パピルス、古今東西の経典や古地図からシェイクスピアの初版本、ダーウィンの手紙、バイロンの自筆原稿などがずらりと並ぶさまは圧巻だが、さらにはビートルズのメモなどというものまでが、ガラスのケースのなかに収められている。これはまだ若き日のジョン・レノンとポール・マッカートニーが、レストランのメニューや紙ナプキンの裏に走り書きした歌詞や楽譜で、それにしてもよく取っておいたものだなと感心してしまう。

この展示室だけでも、三〇〇〇年以上の年月にわたって人類が紡いできた書の歴史がある。

大英図書館（2004 年）

保存のために照明はかなり暗いのだが、かえってそのために、茫漠たる時間の流れのなかに浸っているような気がしてくるのだ。それではこれらの宝物がこれから三〇〇〇年後にも見ることができるかどうかとなると、どうだろうか。ためしにアンケートを取ってみたら面白いだろうと思うのだが、今日の状況下では、おそらく多くの人がこれらの書物の未来について、むしろ不安を表明するのではないだろうか。

ひとつは人類がはじめて文字をもつにいたったメソポタミアの地で、再度戦争が起ころうとしているという現実である。もちろんバビロニアやアッシリアの都市文明とイラクの現政権とのあいだに直接のつながりがあるわけではない。しかしイラクをふくめ近隣国の人々が生きるその土地は、確かに楔形文字を使って思考を記録した最初の人々が生きていた土地でである。そのようなかけがえのない考古学的価値を保持している場所に爆弾を落としても平気でいられる現代の人間が、今後三〇〇〇年のあいだその文明を保持できるとは信じられないではないか。

もうひとつは、たとえ戦争や大災害がなくても、物質としての書を保存してゆくことがいかに大変なことであるかを、みなが薄々感じているからである。ただしまっておけばよいというものではない。書物は開いて読まれることによってはじめて、意味のある記憶となる。だが物質である以上、それを手に取り表紙を開き、ページを捲れば、それなりに消耗する。書物を保存することは絶えず修復することと一体の仕事にならざるをえない。

さらに今日の書物は一〇〇年前と比較しても、質的に非常に大きな多様性がある。たとえばこれまで経過した年数からすれば、パピルスは二〇〇〇年、グーテンベルグ聖書は、少なくともあと五〇〇年間は安定していると言えるかもしれない。しかしレストランのナプキンに書かれたビートルズの名曲『ミシェル』は、五〇〇年後に塵と化しているかもしれない。総じて大量生産を前提としている現代の書物ほど、不安定で壊れやすい物質でできている。それなら電子化してしまえばいいという意見が出てくるのだが、果たして現在のCD - ROMやDVDが一〇〇年後とは言わずとも、五〇年後に読み出すことができるかどうか。未来のコンピューターのプログラムが二〇〇〇年前の電子テキストを理解するかどうか。誰にも分からない。

　分かっているのは、少なくとも大英図書館では毎日どこかで本の修復が行われているということ、そのためには巨額の予算が必要であるということだ。そのためにこの図書館は、少し変わった活動を行っている。入口付近でオレンジ色の小さなパンフレットが配られている。女性が本を開いて息を吹きかけると、ページが散り散りになって舞い上がってしまうという意味ありげな写真が表紙で、その上に「本を養子（adopt）に」という一行。図書館の本の保存のための寄付を募っているのだが、そのやり方がユニークなのである。

　タイトルが示すように、これは文字通り書物を養子にするという企画である。図書館にある本を選び、一定の金額を寄付する。図書館側が本を選んでくれる場合もあるが、ともかく寄付をした人は、その本の養い親になる。「養子」の名前を記した証明書が発行され、また寄付の金額によっては図書館が主催する各種の催しに参加できるというような特典が用意されている。

　ちなみに最小の金額は二五ポンドからで、上限は五〇〇〇ポンド。比較的最近コレクションになった書物が対象となっているが、それでも今現在必要な修復のためにかかる時間は一〇〇年以上とある。消防士のストライキが示すように、英国は公共サービス全般にわたって財政難がつづいているが、不平を言うばかりではなく、このように知恵を絞って必要な予算を作り出そうという意気込みもないわけではない。

わたし自身はこの「本を養う」という言葉が気に入っている。それは、わたしたちがみな、人生のどこかで本によって養われてきたということを思い出させてくれるからかもしれない。すでに読んだ本はわたしたちの親であり、これから読む本はわたしたちの子どもである。人類はそのようにしてここまで来たのだから、書物をとおして未来を養うことも忘れるわけにはいかないと思うのである。

注

1　ＧＰＳは文明史的に見た場合、インターネット以上に重大な影響をもつと思われる。ＥＵは独自の測位システム開発のための衛星打ち上げを準備しているが、Global の代わりにガリレオの名前を採用し、Galileo Positioning System（ガリレオ測位システム）と名づけている。

2　グーテンベルグの生涯と発明の謎については、以下が詳しい。ジョン・マン『グーテンベルクの時代――印刷術が変えた世界』田村勝省訳、原書房、二〇〇六年

言葉の筆

ジャン＝リュック・ナンシー『私に触れるな――ノリ・メ・タンゲレ』

わたしたちが生きているこの世界のなかで、何らかの変化が起きようとするとき、接触はもっとも基本的な現象である。それは星の光が何かの表面に届くときもそうだし、異なる温度をもつふたつの物質が触れあいエネルギーの移動が起きるときもそうだが、生き物にとって接触が劇的な場面をつくるのは、何と言っても生命の誕生である。受粉や受胎という言葉をつかって表現される微視的な接触があり、その上位と下位のレベルでは、それにまつわるさまざまな情報の受け渡しや分節が行われる。それらを含んだ通過と接触からはじまるリプロダクションのプロセスこそが、気の遠くなるほどの時間をかけて生命系全体を形作ってきた。

キリスト教文化には、こうした生命にまつわる接触をモチーフとした表象があるが、たとえば「受胎告知」と呼ばれる一連の絵画は、キリスト教において「接触」がいかに重要なモチーフであったかを示している。一般的に受胎告知ほどは馴染みがあるとは言えないが、やはり接触をテーマにしているのが本書で扱われる「ノリ・メ・タンゲレ」すなわち「わたしに触れるな」と呼ばれるものである。巻頭に掲げられている『マグダラのマリアに姿を現すイエス』は、このテーマで描かれたレンブラントの傑作である。

画面を縦に二分割するように、右側には墓所が、左には明るい空が描かれ、闇と光が出会うところにイエスとマグダラのマリアが配置されている。墓のなかが空っぽだったことを知ったマリアが、園丁の格好をしたイエスを目撃した瞬間。それがイエスであると分からないマリアにたいしてイエスの口から発せられたのが「わたしに触れるな。なぜならわたしはまだ父のもとへと上っていないのだから」にはじまる、復活後最初の指令であった。こうしてマグダラのマリアは、彼女が復活した主を見たということを、弟子たちに伝えにゆく。(現在はバッキンガム宮殿の王室コレクションにあるが、今年はレンブラントの生誕四〇〇周年にあたっているので、もしかするとこの絵も、誕生の地オランダで見ることができるかもしれない)。

デューラーやティツィアーノによる作品も出てくるが、闇と光が交じり合うところに復活の場面を描いたレンブラントは別格であろう。それはとりもなおさず、生と死の一方から他方への侵入を身体をめぐる感覚論とともに考え抜いてきた哲学者にとって、それがまさにその場所だからにちがいない。この絵はすこし離れてみると、空と洞窟をそれぞれ左右の眼とする、顔に見える。しからば、この顔は何を考えている顔なのか。わたしたちが絵画を考えているのではなく、絵画のほうがわたしたちを考えている――読み進めながらそのような不思議な感覚を味わった。

もしこれが美術史家が書いた文章だったら、もっと大部の著作になるだろうし、それぞれの時代における絵の歴史的な背景が語られたに違いない。(それは重要である)。それを期待した読者は裏切られるが、本書のテキストは美術史とはまったく異なるスタイルで書かれている。読者が絵を見る視線、画家が制作中の画布を見る視線、イエスがマリアを見る視線といった複数の視線が、著者自身の視線のなかで層をなしている。使われる言葉は柔らかいのに、驚くほどの凝縮を示している本書は、まずそれを貫いている視線の複数性に秘密があると思われる。

それは核心にある「接触」の複数性、あるいは連鎖において明らかになる。このエピソードにおいてマリアとイエスの接触(とその拒否)が、画家たちの心の大きな部分を占めたことは疑いない。手が描かれるとき、それが再帰的な役割を担っていることは、画家だけでなく絵画を志そうとするすべての若き芸術家にとって自明であろう。今日の美術大学においてさえ、自分の手をデッサンすることは基本的な課題である。絵画対象を生み出す手は、ある表面のうえに触れていながら、触れることでは到達することのできない現象を扱っている。

時の版（2009 年）

それが一般に「像」と呼ばれる現象である。触れようとする手、それを拒む手は、「像」にとって本質的な意味をもっている。まして聖書に語られているような「遡ることが不可能な記憶」を描こうとするとき、それは画家の筆と画布との接触というアクチュアルな現象に変容せざるをえない。マグダラのマリアは、そこに立っている男を認めることができなかった。彼がイエスであると分かったのは、像によるのではなく、彼の口から発せられた声であった。マリアの筆は、像しか見えない。イエスの筆は触れることを拒否している。一瞬前を描いたレンブラント自身は、天使のそばにいるように見える……。

たとえば園丁に姿を変えたイエスは、幅広の帽子を被り、庭園を耕すシャベルをかついでいる。そのシャベルを描こうとするとき、画家の筆は何を考えていたであろうか。その画家の筆を描こうとするとき、哲学者はデューラーの描くシャベルが、昇る朝日と接していることを見逃さない。こうして複数の接触が接触しながら連鎖してゆくたびに——それはひとつの道具が他の道具を生み出してゆくのに似ている——わたしたちはそれが最終的にどこに触れるのかを知りたくなるだろう。そしてわたしたちがうっすらと気づいているように、「最終的に」到達することはできない。

「愛と真理は押し戻して拒みながら、触れる。愛と真理は男ないし女を揺り動かし、彼、彼女を後ずさりさせる。……愛と真理がわたしたちに触れ、わたしたちを突き刺すのは、それが到達不可能であることによってである。」（五二頁）

哲学者は言葉をつかって、（その驚くべきパレットに触れるには、同時期に刊行された他の著作を手に取ることが求められる）、もう一枚の「ノリ・メ・タンゲレ」を描いたのだ。そのタッチは、歴史上の大画家におとらず精密である。そして画家たちとは違ったやり方で、このモチーフに新しい色彩を加えている。たとえば著者は、「ノリ・メ・タンゲレ」はただ「わたしに触れるな」と言っているよりも、「わたしに触れようと欲するな」と字義通りに解釈することを提案する。ある行為をするな、というだけでなく、そもそもそれを考えるな、もしそうしたとしても、それをすぐに忘れなさい、と言っているのだということである。

本書は魅力的な通路をいくつも含んでいるが、わたしはこの部分にこそ、ナンシーの真骨頂があるように感じた。絵画論として、あるいはイメージ論として書かれていることは確かであるが、ここでの「わたしに触れるな」という言葉の解釈は、この命令形について考えることを提案し、最終的に「抱擁の場面での不和」が問題になる。この命令を発する者が暴力を欲する者である可能性を排除していないのである。

ここで終わってはいるが、それは到達点ではないだろう。続きを読みたい、と誰もが思う。もういちどレンブラントの絵に戻って眺めると、この命令形が画家を魅了したわけが分かるような気がする。それを欲してはいけない、と言われているにもかかわらず、わたしたちは描こうと欲する。そこに到達してはいけないと言われれば言われるほど、わたしたちは行きたくなるのである。

同様に、「それを考えてはいけない」という場合もそうである。自然のなかには、おそらく庭園のなかにさえ、接触を禁じる知恵はある。しかし「考えてはいけない」という命令は、自然界に存在するであろうか。この言葉は特定の真理についてそう言っているのではなく、およそ人間の言葉というものが、人間の思考をそのように形成していることを示している。

絵の題名も本書のタイトルも、そのことを考えさせる。考えてはいけないというメタ言語として機能するだけでなく、そのような命令がなかったら、考えないのではないかということを考えさせるのである。その命令が自然界に存在しないとしたら、それこそが超自然的現象としての「復活」そのものなのだろうか？

引用参考文献
ジャン＝リュック・ナンシー『私に触れるな――ノリ・メ・タンゲレ』荻野厚志訳、未来社

拡張される書物

わたしたちの毎日をとりまいているメディアのなかで、一〇〇年後に何が残っているだろうか。写真、映画、ラジオ、テレビ、携帯電話……どれも変わっていそうだが、これ以上どこが変わることができるのか、その必要があるかどうか答えは難しい。それでは五〇〇〇年後ではどうだろう。茫漠とした未来の話である、とりあえず時間の矢を反対向きにしてみよう。五〇〇〇年前にすでに存在していて、今も残っているもの、それは本である。

メディアのなかで本ほど、安定しているものは少ない。基本的な形態を変化させる余地がないという意味で、完成している。本の構造は椅子やテーブルと同じように、人間の身体と知覚が要求するものを満たしている。逆に言えば、その構造を探ってゆくことによって、人間の身体と知覚がもっている運動を知ることができる。本は、それがどんな本であっても、それを手にした人間に何らかの運動を起こすものだからである。そのことを他の芸術よりも敏感に察

カン・アイランの作品（釜山ビエンナーレ「リビング・ファニチャー」展）

知して、本の構造をさまざまな方向へ拡張してきたのがメディアアートであった。

カン・アイランは、さまざまなメディアを使いながら、一貫して「本がある場所」をめぐって作品を制作してきた。書店や図書館など、本が置かれた空間とそこに集まる人々がつくりだす、情報の共同体そのものがテーマだと言えよう。コンピューターと本が結びつくことによって、わたしたちは一冊の書物が情報世界とリンクしていることを知っている。書店や図書館は、その見えないリンクが作られている場所である。そこでは建物の建築、本の建築、さらに情報の建築がひとつの空間のなかで出会い、知的な運動を引き起こす。

新しい作品では、物としての書物の成り立ちをデジタルメディアの力によって解体しつつ、そこに潜在している空間や時間が、多様な方向に展開されている。これまでの作品で、観客が本のある場所を訪れていたとすれば、今回は本をその内側から眺めるように誘われている。本の不思議さは、両手のなかにおさまるほどの小さい物体なのに、そのなかに含まれている時間はほとんど無限だというところにある。カン・アイランの書物は色を呼吸したり音を奏でたりする。それは本を開いたときにこぼれた時のかけらを、電子の流れに投げ込んだときに起きる、波紋のようなものかもしれない。

扉を開き、白いページのうえに歩みを進めるわたしたちは、こうして「拡張される書物」の中へと入ってゆくのである。

歴史の組み方

国民とは何か。エルネスト・ルナンを思わずにはいられないような国民投票の現場を見て、その問いが、いまや「ヨーロッパとは何か」という問いと切り離すことのできないことを思い知った。周知のとおり、フランスとオランダで否決という結果となったEU憲法批准のための直接投票である。この期間フランスに滞在し趨勢を垣間見ながら、テレビや新聞など大方のマスメディアが賛成派に回っていたにもかかわらず、為政者を震撼させるような「ノン」の嵐がいったいどこから生まれたのかと考えた。

フランスの投票結果を地図に重ねてみると、賛成票を投じたのは大都市と一部の地方に過ぎず、圧倒的多数は反対票である。結果的にみれば、首都をはじめとする大都市圏やそこに集中する支配的メディアでは主導することのできないイシューが、「ヨーロッパ」なのだということを示している。言葉の本来の意味でローカルのほうに決定力があることが判明したのが、今回の投票だと言えるのではないか。

それにしても、ひとつの投票をめぐって、これほど議論が繰り広げられたことはなかったように思う。それは投票率の高さに如実に現れていたが、特に注目したのは若年層の投票率の高さだった。日本は言うにおよばず、若者の政治離れはいまや世界的な傾向のはずなのに、七〇パーセントを超えるという高率はいったいどこから来るのだろう。大方のメディアは、若年労働者にしめる失業率の高さが、グローバリズムに対する危機感からEU反対に向かわせたのだろうと分析している。間違いではないだろうが、必要条件に過ぎないのではという気もする。マーストリヒト条約批准を僅か一パーセントで可決した時のことを考えると、なぜこれほど反対勢力が前進したのか。わたしはごく個人的な体験から、その理由は見えないところで進行する現象にあると思った。

パリ15区、セーヌ河に近い庶民的な一角に、国立印刷所がある。公文書から電話帳まであらゆる印刷を請け負う国の印刷所であるが、わたしは昨年からそのなかにある美術出版局を撮影していた。ここは一六四〇年に開設されてから現在にいたるまで、稼動している印刷所としては世界最古の部類に入り、特に活版印刷に欠かせない活字の鋳造は、なんと一五〇〇年代に遡る。歴史が書物によって支えられているとすれば、歴史を作る歴史としての印刷所である。

ところが政府の決定により、この印刷所の縮小、移転が決まり、部門ごとに分かれて地方へ移ることになった。歴史的建造物である建物は外国系企業に売却され、五〇〇年の歴史を誇る印刷局もその消滅が危ぶまれているというのだ。技術革新の激しい印刷業界で、EU内の競争に生き残るには、それしかなかったのであろう。だがいくら活版印刷の時代ではないとはいえ、ヨーロッパの文化遺産とも言えるような部門まで切り捨てるとは、にわかに信じがたい。

しかしそれがEUの現実だということを、活字造りや組版の職人たちと毎日付き合いながら、わたしは知った。国の歴史を印刷してきた機関が犠牲にされるように、EUは、歴史的な価値を犠牲にしているのではないかと彼らは見ているのだ。おそらく見えないところで進行している消滅は、多くの分野で進行中だろう。EUの傘を拡げるのはいい。しかし効率と競争力を至上とする流れにまかせれば、ヨーロッパの背骨が溶けて崩壊してしまうのではないか。文明の危機が進行中だということを知っているのは、文明の基礎で働いている人間だろう。多くの人がそれぞれの現場で、そのことを感じている。文字を彫り、成型し、組み、刷ってきた人たちにとって、NとOの二文字は、歴史を存続させるために必要な文字だったのだろう。

活字の娘

グーテンベルグ通りには、もう行くことはないだろう。エッフェル塔が間近に見えるあの通りは、今となっては名ばかりだ。そこにあったフランス国立印刷所が閉鎖されてから、写真集

フランス国立印刷所最後の活字彫刻師、ネリ・ゲーブル

『文字の母たち』(拙著)に収められている機械や活字たちがどこへ行ってしまったのか、聞いたことはない。毎日顔を合わせた職人たちは、どこでどうしているだろう。五〇〇年にわたって蓄積されてきた、あの何百トンもの活字はいまどこにあるのだろう。そして王の名のもとに印刷されてきた重たい書物たちは……ある時代の終わりというより、ひとつの銀河が消滅したかのようである。

想い出すのは扉をはいったときの、独特な匂い。紙とインクと金属がブレンドされた空気のなか、大きな窓から入る光のしたで、静かに組まれてゆく活字の列。組版部門の向こうから漏れてくる印刷機の音。使い終わった活字を溶かす炉と、そこから出てくる鉛の棒。ときおり聞こえてくるラジオのニュース。誰もがポケットに刺しているピンセット。とつぜん沸き起こる男たちの笑い声。

圧倒的に男性が多い印刷所で、ふたりの女性が不思議な存在感をもっていた。ひとりはポアンソンと呼ばれる部門で働いていたネリさんである。タイポグラフィーの歴史に名を残すガラモンから数えて何代目になるのかは分からないが、彼女は王立印刷所から続いてきたオリジナル・フォントの伝統の、最後に位置する文字の彫刻師だった。彫刻師としては最初の女性だと紹介された。

職人たちはだいたいみな、フランスではふつうの青い作業着やエプロンをつけていたが、ネリさんだけは違った。紙の山とインク缶のあいだを軽やかに歩いてゆく彼女は、いつも違うドレスを身につけていた。丈の短いスカートから伸びた脚が、回転する印刷機の向こうから近づいてくる様は、優雅なイタリック体がページから抜け出てきたように見えたものだ。

しかし彫刻刀の切っ先で、見えないほど小さなアルファベットを彫りだしてゆくとき、彼女は広大な宇宙のなかにただひとり、ポツンと浮かんでいるかのようだった。その手から生まれるのは、活字の源になる母なる字である。髪の毛ほどの狂いが印刷の全工程に及ぶのだから、間違いは許されない。彼女の眼差しは、時間も空間もないどこか別の場所にいる人のものだった。

もうひとりは手作業による組版部門に来ていた女性で、名はフレデリックさんといった。グラフィックデザインを学ぶ人が見学に訪れることは多いと聞いたが、彼女が見習いで働いていたのは、ヘブライ文字やアラビア文字の文字を扱う部門だった。通称「オリエンタリスト」と呼ばれるラテンアルファベット以外の文字を扱う組版で、そこで扱われてきた言語の数は五〇以上にのぼる。当然、漢字や仮名も扱うから用意されている辞書の数も膨大だ。地下の活字貯蔵庫には、聞いたこともない言語も多かった。そんな特殊な場所で働く最初の女性にして、しかも最後のひとりということで、仕事と撮影の合間に世間話をするようになった。彼女はそれら「東の」言語に堪能というわけではなかった。文字を組みながらその言葉を習っていたのである。出会ったときは、アラビア語の活字の組み方を覚えている最中だったが、左右逆の小さな活字を手早く拾ってゆく姿に驚いたものである。

写真家はネガシートを見たとき、ある程度まで頭のなかで像を反転してポジ像を見ることができる。だがそんな経験をもってしても、活版印刷所の人々の知覚は謎であった。ピンセットでしか摘めないようなサイズの活字を天地左右逆に組み、しかも試し刷りをする前に調整しているのである。そんな技術を各国語でマスターしているのが「オリエンタリスト」と呼ばれる組版職人なのだが、この時代にその特殊技術を生かす場所が他にあるのか、これはもう謎を通り越して理解不能としか言いようがない。印刷所の閉鎖と移転の知らせを聞いて、いったい彼女は何のために「オリエンタリスト」を夢みたのだろうと思った。

そのフレデリックから知らせが来たのは、それから一年後のことである。消印はパリ郊外の村。知らせというのは、彼女が開いたタイポグラフィーの小さなアトリエの案内だった。活字の知識や技術を学びながら、簡易印刷でオリジナルの印刷物をつくり、ときどき展覧会もするという内容である。旧市街は中世のままという村の人々が、そんな企画に集まるのかと思ったが、ともかく元気なようだった。アトリエの名前にはびっくりしたが。

「マンドラゴラ」。中世のヨーロッパにつたわる想像上の植物、人間のかたちをした根を引き抜くと悲鳴をあげ、それを聞いた人間は急死するという代物である。魔法使いの家に植わっていそうな、かくも不気味な植物の名には、それなりの理由があるのだろう。地下的なイメージもそうだが、日常的には使われなくなった古い印刷術の知識を身につけた彼女は、その知識を伝えてゆくために魔女の役柄を選んだのだろうか。いまどき活版に用があるのは、魔女くらいなのか。

しかし久しぶりにパリで再会したときの朗らかな表情は、魔女よりも天使のそれだった。それはね、理由があるのよ、と言う。日曜日にたつ市で、ときどき前をとおりかかったのが蜂蜜売りのスタンドだった。売り子は近郊の村で蜂を飼いながら、ひとりで蜂蜜をつくっている青年。一見孤独な詩人タイプっていうか、人嫌いかと思ったけれど、話してみるとなかなか面白い。蜂蜜作りもそれなりの歴史があって、蜂の生活を聞いていると、そのあたりの森や野原がちがって見えてくる。もっと知り合いになりたいけれど、毎週蜂蜜ばかり買うわけにはいかないし、かといって他に理由もないし。そこでね、気がついた。蜂蜜の瓶のラベル、ボールペンの手書きじゃイマイチじゃない。だいぶたってからだけど、わたしこういうのにぴったりのもの作れるんだけどって言ってみたわけ。ちょっと勇気がいったけど。

しばらくたったある日の朝、新ラベルの瓶が籠に入れられて、彼女の家にとどけられた。ブランド名を聞くのは忘れたが、それは香しく甘いものらしい。なるほど、活字には魔法がありそうである。

II　歴史の痕跡

内なるグリッド

それはマハトマ・ガンジーの記念館を訪ねるために、ボンベイの大通りを走っているときだった。タクシーが海岸沿いの大通りから裏通りに入ろうとしたとき、派手な横断幕が目に入ったのである。

Geography is History

赤地に英語で大書、一瞬選挙運動の垂れ幕のようにも見えたが、違うだろう。なぜかヘロドトスの『歴史』を思い出した。「歴史の父」と称された稀代の旅行家による、ペルシア戦争のヒストリーは同時に地理の記述でもあったと、どこかで読んだ覚えがある。同じ道を通ってホテルに帰るように頼み、こんどは眼を凝らして眺めてみた。「地理は歴史である」の横に、小さく電話会社の名前が見える。今はもうなくなってしまったが、人工衛星をつないで地球をネットワーク化する、衛星電話会社の広告なのであった。

地球上どこにいても、太平洋のど真ん中だろうが、ヒマラヤの頂上だろうが、電話がつながる。もはやあたりまえのことであるが、地理的な障壁がどこにもなく、衛星からの電波が受け取れるところならば、すべての地点が等価となることは、その会社にとっては確かに広告に値することだろう。その状況がどうして「歴史」なのかはわからないが、電話会社としては、そうした新しい地理の時代が、すでに歴史的な事実となったことを知らしめたかったのかもしれない。

わたしたちは確かに、そのような新たな地理的空間に生きている。たとえば最近の名刺には、メールアドレスと携帯の番号だけが記されている場合がある。名刺の内容が場所からコンタクトへと変わったとすれば、地球上のどこにいるかはもはや問題ではない。インターネットと携帯電話によって実現された、リアルタイムという時間のなかにわたしたちは生きている。その意味で地理は、リアルタイムに取って代わられたと、この広告は言いたいのだろう。ただそのリアルタイムという時間を「歴史」と呼べるかどうかは、大いに疑問である。

グリッドの交点は、緯度と経度によって一義的に決まるから、あらゆる場所を数値で表すことができる。カー・ナビゲーション・システムは、日本はもちろん最近はヨーロッパでも普及してきたが、すでに携帯、腕時計、カメラにさえ装備されているGPSは、基本的に緯度と経度さえ分かれば場所を特定できるという、グリッドシステムに基づいている。リアルタイムで場所を同定する技術がさらに進めば、碁盤の目のうえに生きているわたしたちは、識別番号をつけて歩いているのと同じことになるだろう。

碁盤の目はいたるところに見出すことができる。有名なデューラーの格子窓をはじめとして、グリッドは長らく画家の道具であった。遠近法を受け継いだ写真も、グリッドを盛んに活用した。格子上に刻みを入れたファインダー・スクリーンは多くのカメラで使われつづけているが、最近では「視点入力」や「マルチ分割測光」といったテクノロジーにおいて、グリッドパターンが使われている。後者はファインダー上にグリッドパターンを作り、別々に測光して、最適な露出を計算するというものだが、その計算をリアルタイムで行ないながら、数千分の一秒というシャッター速度なのだから、いかに高度な技術かが分かる。現在ではグリッド情報に、オートフォーカスによる距離情報を付け加えた3Dマルチパターン測光が標準装備され、空間を立方体の連続によって解析するところまできている。デジタルカメラが実現している遠近法は、三次元空間をそのまま解析し、その後に二次平面への投影を最適化するという高度な段階へと進んでいる。

考古学の発掘現場では、対象となる範囲をグリッドに分割して番号を付けながら、出土する遺物を整理保存する。対象となる地域を細かな単位に分割して調査と分析を行なう手法は、自然科学においても社会科学においても基本的な手法であり、ある意味で今日の科学は世界全体を分割し、データとしてそっくりそのままコンピューター上に再構成するところまできている。地球を取り巻く環境のすべて——地球の物理、生命圏、気象圏すべてをデータ化してモデルをつくり、コンピューターのなかに再構成されたデータとしての地球をシミュレーションによって研究する。生の自然を対象としていた科学から、データとしての自然をシミュレーションによって研究する科学への、方法論的転換である。地球そのものの記号化ととらえることも可能であろう。

田のシンボル

日本人は、日常的な言葉のレベルで、地理を視覚的に表す。山、川、森……漢字文化圏においては、自然の形が図形化された言語記号として使われているが、そのこと自体に、わたしたちは疑問を感じることはない。自然のシンボルだけではなく、人間が自然に働きかけてできる環境についても、同様である。たとえば「田」という漢字がある。水田の形をそのまま表しており、中国の人も日本の人も、この漢字のなかに、四方を囲む境界と、四つに仕切られた耕地を見る。四つの耕地のなかに水を思い浮かべるか、それとも土を思い浮かべるかは人それぞれであるが、その中心になる十字を畦道として見るのは、おそらく共通しているだろう。

漢字の書き順を習いながら、わたしたちは「口」のなかの中心に、しっかりと「十字」を書くように教えられる。十字が歪んでいると、四つの区画の面積が異なってしまう。田という漢字を正しく書く身ぶりのなかには、四つの区画を等分にするという身ぶりが含まれているわけであり、そこにはすでに空間の「分割」の、最初の一歩があるといってもいい。この漢字の初形を見ると、四角い領域はまず縦にふたつに分かれるが、水平に引かれる棒は一本だけではなく、二本以上引かれた異形も見受けられる。分割された耕地は四つだけなく六つや八つの場合もあったわけであり、それらのヴァリアントのなかから最終的に現在のような形が残ったと見ていいだろう。

「田」という象形に込められているのは、土地をグリッド状に分割して与えるという政治経済的な身ぶりでもある。田は休耕期間には猟の行なわれる場所でもあったため、狩猟に関する意味をもつ漢字も「田」形を含んでいる。「畦」という漢字のなかに「田」があるが、この五画の漢字は、「男」や「雷」のように多くの漢字を形成する要素となっている。「田」を要素とする言葉を意味論的に体系化すると、東アジア特有の自然観が見えてくるかもしれない。

四つのマス目をもつこのかたちは、グリッドの最小の単位である。マス目ひとつだけでは口であり、升であって、グリッドにはならない。田の形に農業を目的として耕作される土地という意味を与えているのは漢字だけであるが、漢字を初めて見る外国人にとっても、このグリッドから「田」の意味を理解することは、それほど難しくはないはずだ。それは日常的な視点から眺めた形としての象形ではない。「田」は、土地を真上から見た場合の形であると同時に、計測を含んだ概念としての形である。「田」という漢字は、自然に対して人間が地理的なコンセプトを与えるための、グリッドの基本単位と言ってよいだろう。「田」という漢字を上下左右に無限に並べてゆき、地表を覆ってしまったとする。わたしたちが慣れ親しんでいる地図は、空間を細かく分割されたグリッドへ投影して出来ている。

グリッド状の耕作地が出現した後に、田という文字が作られたであろうことは、想像に難くない。田という概念が先にあって、グリッド状の農地を作ったわけではないだろう。もしそうだとしたら、これは象形文字ではないことになる。しかし文字の出現以前にグリッド状のパターンが描かれなかったというわけではない。何を意味しているのかは分からないが、文字の出現以前に、つまり歴史時代以前にグリッド状の紋様は存在していた。

たとえばヨーロッパには先史時代のものと思われる石や岩陰から、グリッド状の紋様が発見されている。イタリアとフランスの国境に近い山岳地帯や、パリ近郊のフォンテーヌブローの森などには、格子状の刻み目のある岩があることが知られている。正確な時代は分からないが、新石器時代のものと言われており、農耕の始まり以降の紋様である可能性もあるが、いずれも目的も意味も不明である。少なくとも言えるのは、それらの刻み目が、偶然につけられたものではなく、明らかに意図的に連続する直線を直交させていることである。

さらに古い時代になると、旧石器時代の洞窟からも、幾何学的なパターンが多数見つかっている。現在発見されているなかでもっとも時代的に古いもののひとつは、二〇〇二年に南アフリカのブロンボス洞窟で発見されたオーカーの石塊である。石の表面には三本の平行線とそれに斜めに交わるかたちの格子状パターンがはっきりと刻まれているが、研究者たちを驚かせたのはその年代であった。七万五千年前という非常に古い年代測定がされたのである。

どれだけ古いかという問題はひとまずおいて、少なくともグリッドを岩に刻んだ時代の人は、それをそれとして認識していたわけである。ここで興味深いのは、自然のなかにグリッドに対応するモノが存在していたかどうかよりも、グリッド状のパターンを描くことができたという点である。ヨーロッパで発見されている図像のうちでもっとも古い時代に属するショーヴェ洞窟などよりも、その倍以上の七万年以上も前の時代に、格子状のパターンがどのようにして人間の心に生まれたのかという問題である。

内在する紋様

この問題にたいしてわたしたちはすでに、先史学と神経生理学からのアプローチがあることを知っている。詳細は拙著『洞窟へ』にゆずるが、これまでの研究を簡単にふりかえり、最後にそれらを補完すると思われる、ある視覚的経験について考えてみたい。

第一のアプローチは、旧石器時代に残された図像と記号を詳細に調べ、そこに当時の人間の心の状態が間接的に投影されていると見る立場である。そのきっかけとなったのは、南アフリカの先史学者ルイス＝ウィリアムズとトマス・ドウソンによって一九八八年に発表された論文、『すべての時の記号——旧石器時代の芸術における内在光（entoptic）現象』だった。ここで entoptic とはギリシア語で「内部」を意味する ento／endo と光学の optic からなる語で、具体的には外界からの光刺激によらない、身体内部からの「内側のヴィジョン」というほどの意味になる。ただし entoptic は必ずしも「視覚」の問題だけでなく、広く生理学と光学の領域に関わっているので、ここでは「Endophysics 内在物理学」に倣って、「内在光学」あるいは「内在光」の訳語をあてている。

ルイス＝ウィリアムズとトマス・ドウソンは、南アフリカに残されていた先史時代の岩絵、いわゆるロックアートを調査するいっぽうで、世界中の記録を調べあげ、そこに共通する紋

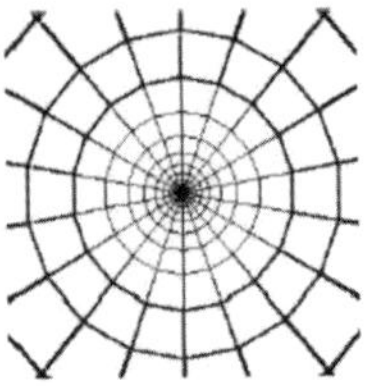

1. Even squares.

2. Even rolls.

3. Even hexagons I.

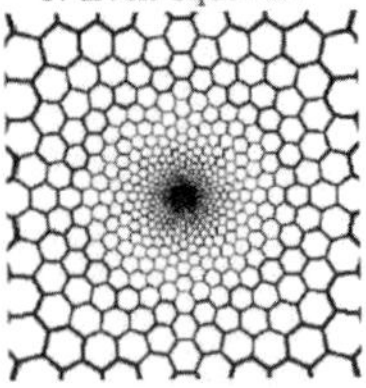

4. Even hexagons II.

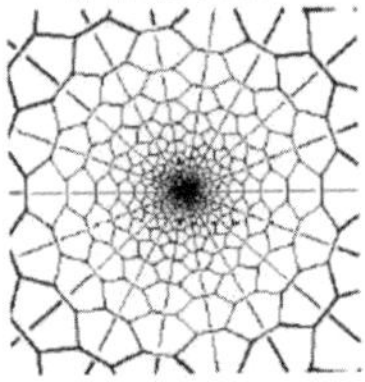

5. Even rhombs.

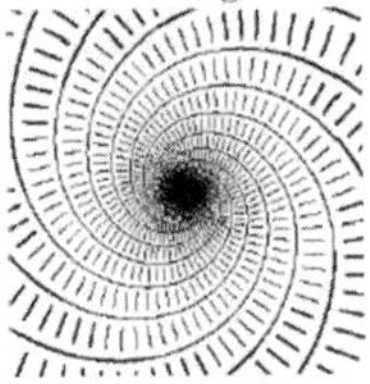

6. Even rhombic rolls.

1. Odd squares.

2. Odd rolls.

3. Odd hexagons I (triangles).

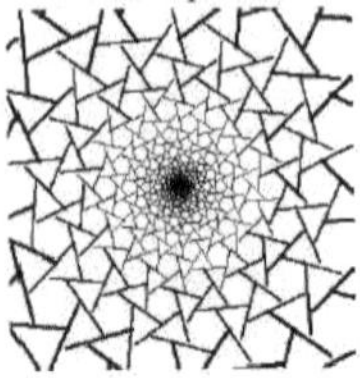

4. Odd hexagons II.

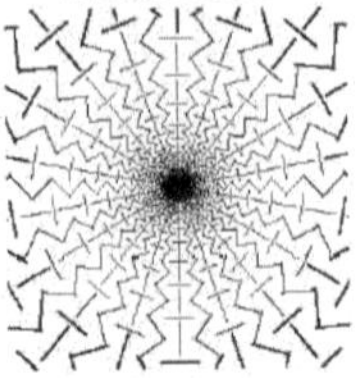

5. Odd rhombs.

6. Odd rhombic rolls.

格子パターンの異なる振動として記述される内在光の例（Entopic vision and physicalist emergentism by Jean Petitot,2006 より）

様があることに気がついた。そしてそれらの紋様が、一般的に幻覚時に見られるようなパターンと何らかの関連があると考えたのである。

一般的に経験される「内在光」としては、たとえば瞼を軽く押さえたときに現れる燐光(phosphenes)や、偏頭痛にともなって見られるような光や図形があげられる。極度の疲労状態にあるときのめまいや、アルコール類をふくめある種の薬物を服用したときに見られる幻覚も、同じように内在光に含めることができる。ルイス゠ウィリアムズらは、これらのパターンが時代や文化の影響を受けない、生理学的な現象だと考えた。

著者らがまず注目したのは一九二〇年代から七〇年代にかけて発表された、向神経性化合物と幻覚の研究である。それによれば一九二六年の研究で、ハインリヒ・クルーヴァーは幻覚がふたつの段階を通じて起こることを記述した。第一段階では主に四つの幾何学パターンが認められ、ほとんどのパターンは四つの「基本形」の組み合わせで解釈できることを示している。それらの最初に出てくるのは、グリッドである。その他には、クモの巣、トンネル型、螺旋がある。ここではグリッドのみに注目するが、それはかたちや方向の異なる格子や碁盤であり、まれに蜂の巣型のパターンも含まれる。

ルイス゠ウィリアムズとドウソンは、以上のような研究を、彼らが七〇年代から精力的に記録してきた南アフリカのサン族、いわゆるブッシュマンによる岩絵と比較検討した結果、先史時代芸術に現れる幾何学的模様は、六つの内在光パターンにまとめることができると結論づけた。グリッド、平行線、ドット、ジグザグ、巣状曲線、細かい網の目の六つである。そしてこれらの基本パターンが岩絵として描かれる際には、複製、断片化、組み合わせや重ね合わせ、繰り返しといったいくつかの「規則」があるのではないかと推測した。

偏頭痛とトルコ絨毯

はたしてこうしたパターンは、意識に特殊な力が加わったときに見えるものなのだろうか。ここで参考になるのは、『妻を帽子とまちがえた男』で知られるオリヴァー・サックスが、幼時から偏頭痛に悩まされた経験をもとに書いた『偏頭痛』である。サックスは、とつぜん襲われる激痛にさいして、何らかのパターンをそなえた図形が「見える」ことに注意し、自らも含めそうした例を研究している。サックスの記憶では、三歳か四歳の頃、裏庭で遊んでいたところ、急に視界の左側にまばゆい光が現れて、地面から空へとつらなるアーチが見えたという。アーチの端に青とオレンジに光るジグザク模様が見えたと思ったとたん、今度はすべてが真っ暗闇に反転した。何が起きたのかわからないでいると、母親が、それは「偏頭痛」のせいなのだと教えてくれたのだという。

サックスは英国の小説家ヒラリー・マンテルの自伝のなかに、自分が経験したのとよく似た偏頭痛に伴う視覚的パターンの記述があるのを知り、それをハインリヒ・クルーヴァーが行ったメスカリン実験における幻覚などと比較して、次のように書いている。

「わたし自身の偏頭痛時の光には――それは目をつぶると鮮やかに、目を開いたままだとより弱く透明に見えたのだが――小さな枝分かれする線や視野を覆う、格子、チェスの碁盤目、クモの巣や蜂の巣のような幾何学的構造が見えた。ときにはもっと複雑なパターンも見えたが、それはトルコ絨毯や複雑なモザイクのようでもあり、また渦巻きやスパイラル、松ぼっくりやウニのような三次元の形態が見えることもあった。

後年わたしは偏頭痛クリニックで働くようになり、多くの患者が似たようなパターンを見ていたことから、わたしだけに特有のものではないことを知った。過去の症例を調べると、たとえば英国の著名な天文学者であるウィリアム・ハーシェル卿は一八五〇年代に、自らの偏頭痛について報告している。それによると〝城砦型のパターンがふたつ、チェッカーボードの格子、梯形のパターン、視界の他の部分には絨毯の模様が見えた〟と友人にあてて書いている。ハーシェルは、これらが〝感覚器のなかにある、ふつうの形を対称形に組み合わせるような、万華鏡的能力によるものであるか、また、わたしたちの性格とは独立して、わたしたちの組織に備わっている力であるのか〟と自問している。」

サックスは、ハーシェル卿が抱いた考えと基本的に同じように、これらのパターンが個人の性格とも経験や欲望とも独立して体験される、共通性のあるものであると考えた。ひとことで言えば、それは視覚の脳内過程に依存する体験であり、特に一次視覚野における神経細胞のコラム構造に関係がある。何らかの原因で、この構造にバイアスがかかると、あるパターンをもったイメージが体験される。サックスによれば、それは個人的な経験のレベルよりももっと深いレベルでの、神経レベルでの経験であり、したがってそこで「見える」パターンは原型的（アーキタイプ）と呼んでもしかるべき、人類に普遍的なパターンではないかということになる。

内在するグリッド

ここでサックスが「人類に普遍的なアーキタイプ」と呼ぶのは、これらのパターンが文化を超えて現れるさまざまな紋様の、基礎をなしているのではないかと考えているからである。たとえばアルハンブラ宮殿に見られるようなイスラム建築の幾何学パターンから、新大陸の先史文明が生み出した編み籠や土器に描かれているような幾何学パターンまで、あるいは一九六〇年代に誕生した、いわゆる「サイケデリックアート」のような紋様にも共通する幾何学的パターンは、個人的な経験よりもはるかに深い、知覚の無意識レベルに基礎をもっているのではないかということである。

この考え方は、ふつうわたしたちが「アーキタイプ」という言葉を使うときに想定するような、たとえばユングが考えたようなものとは、大きく異なっている。同じ「無意識」という言葉を使いながら、ある特定のイメージの基礎を、ユングのような心的なレベルでの、あるいは神話的なレベルに求めるのではなく、人間の脳の物理的構造のレベルで起きる現象としてとらえようとしているからである。サックスはこれを視覚野の神経細胞による「自己組織化」として理解できるかもしれないと考えており、たとえば雪の結晶や流体の渦巻きのように、自然界のなかで起きることが人間の脳においても起きる可能性を排除していない。つまり自然がそのうちにもっている自己組織化という、普遍的な現象が、第二の自然である人間の脳においても起きることを、自分自身のこととして経験するのが、偏頭痛などに際して見える幻覚ではないかと言うのである。

「その意味で偏頭痛が引き起こす幾何学的な幻覚は、わたしたち自身のうちに、神経細胞の機能の普遍性だけでなく、自然そのものの普遍性を経験させる。」

かなり挑発的な意見とも受け取れようが、サックスのような考え方は今世紀になって少しずつ進展してきた「神経幾何学」と呼ばれるような、一連の研究によってある程度説明されようとしている。これは神経生理学者や数学者が、人間の視覚の神経的な基礎を研究する上で採っているアプローチのひとつであるが、サックスが簡潔に述べたのと同じように、人間には無意識のレベルで「見える」パターンがあり、それらのパターンは視覚野の神経細胞の構造に依存しているとするものである。

この考え方の基礎をなすのは、脳の機能と世界とがある関係のもとにつながっているとする仮定である。心理学者のウィリアム・ジェームズは、人間の脳の機能は、わたしたちが住んでいる世界の性格にあらかじめフィットするようにつくられていると考えたが、神経幾何学においても、脳の特に視覚野の構造は、知覚可能な世界の表象をつくるようにできていると考える。内在光学のパターンを神経幾何学的アプローチによって解明しようという試みのひとつは、フランスのジャン・プチトによるものだが、彼はルイス＝ウィリアムズとドウソンが分類したさまざまな内在光のパターンのすべてが、基本的には一次視覚野のコラムのパターンの「変形」として導き出されることを示している。

言いかえれば、視覚野の神経細胞がもともと持っている構造に、何らかの原因によって自己組織化が起こり、それがイメージとして経験される際のパターンが内在光であり、それは同じ脳の構造をもっているかぎりにおいて、文化や個人の経験を超えた普遍性をもっているということである。グリッド、クモの巣、渦巻きなどはそれらの基本的なパターンであり、これらの組み合わせによって、他のパターンが出現する。

　こうした考えが正しいとすると、芸術の誕生の風景はふつうわたしたちが想像するものとは大きく違ってくる。人間は外界にある対象を描くことによって芸術を発明したのではなく、自分の内なるパターンを意識したときに、芸術が生まれたのかもしれないからである。そのようなパターンのなかにグリッドが含まれていること、グリッドの原型が、近代どころか歴史時代以前に遡る悠久の時の流れのなかに見出すことができるなら、ＧＰＳを含む情報技術社会にたいする見方も変わってくるだろう。

　そこには人間がすでに忘れてしまった、太古のマトリクスが横たわっているかもしれない。ボンベイで見た横断幕は、やっぱり間違っている。人間が空間を把握する仕方やそれを描き出すグリッドパターンを、広い意味での「地理」であるとすれば、地理は歴史（ヒストリー）ではなく、先史（プレヒストリー）である。そしてわたしたちの先史時代は、どこか遠いところにあるのではなく、わたしたち自身の内に宿っており、その時代が生きているからこそ、わたしたちは存在するものだけでなく、存在しないものを見ることができるのである。見えないものを見えるようにすること、そこに世界の豊かさを発見し、また再発見することは、この意味において、わたしたちの内なる使命であると言えるだろう。

引用参考文献

Yves Frégnac, Neurogeometry and entoptic vision of the functional architecture of the brain in Journal of Physiology, Paris, 2003.
Oliver Sacks, Patterns in New York Times, 2008.
Oliver Sacks, Migraine, Vintage Books, 1992.

モネータと馬

古代ギリシアで流通した貨幣に多く登場するのは、女神と馬のイメージである。たとえばマケドニアのスタテール銀貨には、女神ニケが御する馬が刻印されている。鋳造貨幣の歴史はメソポタミアに始まるが、それが本格的な生産と流通のかたちを整えるのはギリシア時代になってからであり、コインのデザインにもそれが現れている。それは女神や馬車のイメージに認められる、美しくて力強く、地上のあらゆるものを凌駕する速度をもっている動物のイメージだ。御者の優雅な身体や疾駆する馬の躍動感が、これほど美しく描写されたのは、そうする必要があったからだろう。

貨幣の美しさ

古代の貨幣には微妙な違いがある。一枚ずつ手仕事で鋳造されているためだろうか。近代以降のコインからは消えてしまった、人間の手の感覚が残っているところも、収集家の心をくすぐるのかもしれない。古代のコインは美術館で見ることもできるが、ふつうは芸術品とはみなされない。ガラスケースのなかにきれいに展示されていても、サイズが小さいために、それぞれのモチーフもよく分からない。コインだけは手にとって、できればルーペを使って眺めてみなければ、その真価は眼に見えないだろう。

マケドニア　フィリッポス２世金貨（右：表、左：裏）

カタログや本のなかで見る貨幣は、たいていが表と裏をそれぞれ真上から撮影したものである。だがギリシア時代の貨幣は、斜めから見たほうが、その美しさが見える。特に女神の顔などは、同時代の彫像に劣らない力強い浮彫りだということが分かる。小さいからこそ、誤魔化しがきかないのだろう。そこが彫刻師の腕の見せ所でもある。同じことが現代の紙幣にも言えるはずである。国や時代や金額は分かっても、指先で触り、ルーペで見なければ、その美しさは分からない。すこし傾けたとき、貨幣は記号からはみ出した部分を見せてくれる。子どもの頃、コインに紙をあて鉛筆で擦りだしたことのある人なら、分かるだろう。少なくとも古代のコインには、指の先端からしか得られないような快感が潜んでいるように思える。

今日とは異なり、ギリシアでもそれに続くローマにおいても、コインに描かれた女神や動物のモチーフは同時代の芸術と直接のつながりをもっているが、そこには公共の場に置かれた彫像とは異なる意味もある。指先ほどの小さな神に託されているのは、美しさだけでなく、ある意味でそれ以上に重要な機能、今日の言葉で言えば「信用」である。貨幣においては、その価値がいったい誰によって保証されているかが、それを手にした誰にとっても、説明抜きで了解されることが、何よりも大切なことである。それはイメージの時間的次元にかかわる違いかもしれない。

彫像はときに、その前に立ってじっと眺めたのちに瞑想することが必要である。それだけの時間を与えられるように、たいていの彫像は安定した空間に設置されているが、貨幣はそうではない。労働や商品の対価として交換される際の、きわめて短い時間のあいだに知覚されるためには、彫像とは異なるデザインが必要になってくる。貨幣のまえで瞑想する人がいないとはいわないが、それは特別な場合である。小さいからこそ誤魔化しがきかないのは、そこで試されるのが「信用の瞬間」でもあるからだろう。

貨幣制度はローマ時代になって本格的な整備が進んだが、その初期はまだギリシアのデザインが流通していた。貨幣にとってもうひとつ重要なことは、誰もがひとめでその図像を理解できるということである。その町で誰も理解できないようなコインは、誰も受け取ろうとはしないだろう。ローマ帝国でもそれは例外ではなく、その始まりにおいては、人々がすでに慣れ親しんできたコインを使わざるを得なかったわけである。

ユノ・モネータの神殿

英語のマネーの語源は、ローマの人々が崇めていた女神のひとりであるモネータに由来している。モネータは女神ユノの異名であり、一般的にはローマのカピトリアニの丘にあったユノ・モネータの神殿がのちにコインの鋳造所になったとされている。しかしユノ・モネータが貨幣の神だから、その神殿に鋳造所が設けられたというのは正確ではない。モネータは、福の神ではない。恵比寿様のローマ版でもなければ「お金の神様」と信じられていたわけでもなく、それが司っていたのも、もともとは貨幣の製造ではないからである。比較的最近の研究で明らかになってきた部分も多いので、モネータの意味を含め、ここからは神殿の周辺を多少くわしく見てゆくことにしよう。

カピトリアニの丘にユノ・モネータの神殿が建てられた時期は、紀元前四世紀の半ば頃とされている。これはローマでのコイン製造の半世紀ほど前のことになり、時期的には適合するが、実際に貨幣鋳造所がどこにあったかを明確に示した同時代の文献は、ほんの僅かしかない。今日から見ても、貨幣の生産が国家にとって機密事項である以上、当然のことのように思えるが、それが今日になってユノ・モネータの神殿の周辺だったと確証されるにいたった理由は、主にふたつある。

ひとつは考古学的調査から、神殿と当時の国庫たる貨幣保管庫、そして銀塊の貯蔵庫とが隣接している場所が確定されたことである。神殿と国庫とのあいだには、通路として使われたと見られる建物が見つかっていることもあり、ここから神殿で貨幣が鋳造されていたと認められることになった。保安の面からも、造幣にかかわる建物が一箇所に集められていたと考えたほうが自然だからである。

もうひとつは女神の象徴的な意味からである。ユノ・モネータは、「基準の神」と見られている。ローマは独自の尺を使っていたが、いわゆるローマン・フィートは per monetalis と呼ばれていた。モネータのフィートという意味である。これはユノ・モネータが「単位の守護神」としても祀られていたからであり、その神殿の内部には公式原器が保管されていた。貨幣にとって基準の神が祀られた神殿ほど、その製造に保証を与える場所はないだろう。以上のふたつの理由から、鋳造所が神殿の周辺にあったと考えられているわけである。

もし神殿と国庫とを含む一帯が現代の「造幣局」であったとすると、それを結ぶ通路にあたる建物が何であったかが気になる。ひとつの仮説は、監察官の行政機関である。監察官の仕事のひとつは、一種の「財産アセスメント」であった。住民は所有する財産のアセスメントを提出することを義務付けられていたが、そのためには少なくともいくつかの査定が求められる。所有する土地の大きさ、その土地からできる生産物の量、そして所有する貨幣の重さである。査定が正確であるためには、言うまでもなくそれらの計量のための単位が、正確でなければならない。ここに財産の査定を管理する機関が、「基準の女神」の神殿と隣接していたと推測される理由がある。

過去を計ること

わたしたちが使っているような意味での「マネー」とは直接の関係をもたない、ユノ・モネータが貨幣の製造だけでなく財産の査定にもかかわっていたとするならば、ローマ人がつくりつつあった経済の根幹において、「基準」がどれほど大きな意味をもっていたかが想像される。それだけではない。ユノ・モネータの神殿には、基準の原器とともに、もうひとつ重要なものが保管されていた。Libri lintei= linen roll と呼ばれる文書である。ローマではいくつかの神殿に、それぞれ異なる種類の文書が保管されていたが、ユノ・モネータに保管されていた文書は、代々の行政官の記録であったことが分かっている。つまり公式の政治文書と言い換えてもよいこの記録は、すでに紀元前一世紀に当時の歴史家によって使われている。貨幣の製造を司っていた神殿に、それではなぜ歴史的な記録文書が含まれていたのだろうか。

その理由は女神自身の履歴が語っている。モネータは、ギリシア語のムネモシュネのラテン語訳であった。ムネモシュネはギリシア神話における記憶の女神であり、芸術と詩を司るムーサすなわちミューズたちの母である。つまりモネータは、言語のうえではマネーでも度量衡でもなく、もともとメモリーの神としてギリシアから受け継がれた女神だったのである。

ユノの異名としてのユノ・モネータのなかでは隠されているが、女神はその名前だけでなく、記憶の神としての性格をも受け継いでいた。行政官の歴史文書が保管されていたのは、そこが過去を保管する神の館だったからであろう。しかもそこはただ単に保管するだけの場所ではない。正確な距離と正確な重量を定める神は、おそらく記録の正確さにおいても力をもっていたはずである。

ローマ時代の歴史家は、moneta と同根の語に moneo を認めている。モネオは remind に近く、思い出させる、気づかせる、忠告するという意味の動詞であり、特に神殿からの忠告について使われていた。ユノ・モネータが関係していた富の査定と行政の歴史は、ローマ人にとってそれぞれの社会的地位をリマインドさせることでもあったわけである。ギリシアの記憶の女神が、ローマでは計る女神としてカピトリアニの丘のもっとも重要な場所のひとつを与えられていたのは、ローマ人が記憶の働きのうちに過去を計ることを認めていたからであろう。いずれにしても同じ神からギリシア神話が「メモリー」を、ローマ神話が「マネー」を与えることになったのは、これらふたつの言葉が「計ること」において深く関係していることを示している。

記憶のデザイン

先に述べたとおり初期のローマのコインは、地中海地域全体でそうであったとおりギリシア時代のデザインを踏襲していた。それが大きく変わるのは、紀元前二世紀の後半である。この時期から発行されはじめたコインから、ギリシア時代には見られなかった、いくつかの傾向が現れるのである。

ひとつはコインの鋳造に携わる家が、その家系に関係するモチーフを使いはじめる。その家系のはじまりにあった戦勝やそれに類する業績、あるいはその出来事を守護する神が描かれるのである。またその家系に関係してつくられた建造物や記念碑も、モチーフになってくる。さらに政治家の個人的な業績そのものが、描かれることもある。これらの傾向をひとことで要約するならば、ローマのコインはこの時代から、ある家系や人物を「記念」するようになっていったということである。

わたしたちは、コインが記念として発行されることに何の不思議も覚えることはない。コインやメダルはそのためにあるとさえ言えるほど、多くの記念硬貨が発行されてきたが、そもそも貨幣がそのような目的で使われはじめたのは、紀元前二世紀のローマで起きたデザインの変化に端を発しているわけである。それはコインの個々のデザインの変化にとどまるものではない。貨幣全体にかかわる、根本的なデザインの変化である。なぜそれが、急にこの時期に起きたのだろうか。

すでに述べたように、貨幣デザインにとっての第一は、誰によっても信用されることである。了解がつくりだされること、すなわちコミュニケーションが成立する空間がつくりだされることが第一である。ある意味で貨幣の真正は、了解に付随して発生してくる事項であり、当然それはイメージそのものによるのではなく、含有量と重量をもとに、あくまで交換価値をもつ限りにおいて保証される。イメージはこれとは別のはたらきをもっている。それはある貨幣が、基本的には特定の場所において特定の集団によって製造されるということ、さらにそれが複製技術によって増殖するということである。ギリシアの彫像や陶器などを含むイメージのなかで、貨幣に特殊なことはこの点である。女神と馬の刻印はその製造が、力の中心をもっているということと、それが増殖して了解によるコミュニケーションの空間を、限りなく拡げてゆけるということを表している。

おそらくローマで起きた貨幣デザインの変化は、了解と真正さとを同時に保証するユノ・モネータが、記憶の神でもあったことに由来しているだろう。鋳造された金属の真正さを保証する神は、また記録された過去の真正さをも保証するからである。それがその時代のローマで起きたことは、偶然ではない。それは貨幣だけでなく、イメージ全体について起きていたことだからである。それは「イメージ」という語そのものが示している。

Imagines は蝋製のデスマスクで、高い地位をもっていた貴族のマスクは、子孫たちによって屋敷内に安置されるのが普通であった。これらのマスクは葬式の際に取り出され、それを被って祖先を演じさせることも行なわれた。マスクを使った儀式は、単なるパフォーマンスではなく、貴族を貴族たらしめるに必要な行為だったのである。

このような Imagines が示している祖先崇拝の機能は、建築や彫像に刻まれた碑文、競技やゲームにまで広く見られる、いわゆる「モニュメント」の一部である。ローマ人がそれぞれの一族のためにつくった、モニュメントは数限りない。そのために注いだエネルギーは膨大なものであり、この視点に立つとそれはモニュメントの文明とも言えるだろう。言うまでもなくモニュメント monunentum は moneta と語源を共有している。ユノ・モネータは、モニュメントとモニュメントを介して行なわれるすべての想起の行為を、正しく計り保証する神だったと言えるだろう。

ガリアの馬

だがローマの貨幣が帝国の周縁へ伝わってゆくにつれ、女神も馬も次第にその姿を変えていった。この点に注目したのは、ジョルジュ・バタイユである。バタイユが書いた初期の文章であり、その編集による『ドキュマン』の記念すべき創刊号を飾った論文『正統な馬』は、ギリシアやローマの貨幣とこれを模造したガリアの貨幣の比較を扱ったものである。

バタイユが古代貨幣の美しい馬を「正統」と呼ぶのは、それがギリシアのアカデミアに代表される「正統的文明」と対応するからある。いっぽうこれを模写したガリア人の馬は、ひとことで言えば「怪物」である。残念ながら、邦訳には一点しか図版が掲載されていないが、もともと『ドキュマン』という雑誌はヴィジュアル誌であり、この論文にも八点の写真が付されている。それを見るとマケドニア金貨の端正な画像が、いかにゆがみ、変形され、最終的にはまったく別の種類の怪物に変質していったかが、一目でわかる。短いテキストではあるが、フランス国立図書館で貴重なメダルとコインのコレクションを、手にとって観察できる立場にあったバタイユの、燃えるような眼差しが伝わってくる。

フランス、ジェルス県出土のガリア貨幣（『ドキュマン』創刊号所収）

「ガリア人の模倣には彫版師の不起用さに起因する粗暴な変形が見られるだけではない。蛮族たちによって想像された、狂った馬の数々は、技術的欠陥というよりは意図的な逸脱がうかがえるのであり、それが彼らの最初の図像的解釈に不条理としかいいようのない結果をもたらしているのである。」

バタイユの論法は単純である。ギリシア・ローマの貨幣とガリア人による模倣とを対立させ、前者を美、正統性、幾何学的図形、理性、権威、階級、秩序に、後者を醜悪、悪夢、不条理、異端、錯乱、野生、秩序の転覆に対応させている。バタイユの語調は、あたかもガリア人の馬が喋っているかのように荒々しく、それこそ正統(アカデミック)な感性を逆撫でするかのようだ。「堂々たる怪物」をもって、「理想主義者たちの凡庸さと傲慢にたいして、無様で醜悪な人類の暗黒面をつきつける」という意図は、つまるところ『ドキュマン』という異端の雑誌全編に通底する、バタイユとその仲間たちの態度だからである。その意味で『正統な馬』は、彼らの所信表明と読めるかもしれない。

だが掲載されているガリア人によるコインを見ると、バタイユの論法に賛成し難い部分もある。特に模倣すらできないほど不器用なガリア人は、幻覚にとらわれており、奇怪で脈絡のない、興奮状態や恐怖から来るイメージしか描けなかったという一方的な決めつけは、誰が読んでも酷すぎるだろう。イタリア、フランス、スペイン各地で発見された一連のコインを見るかぎり、そこにあるのは不条理でも錯乱でも不器用さでもない。確かにギリシアの「正統な」イメージに比較すれば写実的ではない。しかしそれらは明らかに意図的に図案化されており、さらには装飾化から記号化への過程を描けるほど、抽象化の程度が高いものも含まれている。野蛮で醜悪であるどころか、実は高度に抽象的な思考がなければギリシアの自然主義的な馬のイメージから、これらのヴァリエーションを生み出すことは不可能である。もちろんバタイユは同時代のキュビスムやシュルレアリスムと直接の交渉をもっていた人物である。そうしたことをすべて了解したうえで、あえてガリア人が作り出したイメージに、帝国に対する反逆のエネルギーを与えたかったのであろう。

したがって、ガリアの貨幣に描かれた馬から読みとるべきなのは、正統に対する異端という図式よりも、イメージそれ自体の生命である。それらのイメージが、マケドニアの金貨ともっとも異なるのは、貨幣としての正統性と権力が表現されてはいないという点である。確かにバタイユの言うとおり、秩序や幾何学性は、まったく姿を消している。それはギリシア文明の光の届かない、野蛮の闇のなかで蠢く、正体不明の動物のようにも見える。ギリシアの貨幣を模倣したはずなのに、ガリア人の馬はそれよりも遥かに古い時代の図像を想わせる。一九二九年四月に発表された文章だが、わたしたちにとっては、そこで扱われている馬のイメージは、それから一五年後に発見される洞窟に描かれていた馬の絵を、髣髴とさせるのである。

闇のなかに守られていたラスコーの馬や野牛は、美しさで二〇世紀の人間たちを圧倒した。パブロ・ピカソにさえ口をきけないほどの衝撃を与えた。それらのイメージが感動的であるという事実は、わたしたちの心のある部分が、少なくとも一万年以上前から変化していないということを暗示しているのである。ラスコー洞窟を訪れ、そこに人類の誕生の意味を見出したバタイユは、次のように書いた。

「ギリシアもまたたしかにわたしたちに奇蹟という実感を恵んではくれる。しかしギリシアの光は真昼の光である。真昼の光はむしろ捉えにくいものなのだ。」

ギリシアの貨幣がその正統性と秩序によって、今日の貨幣と直接つながるものであるならば、そこに描かれた馬は貨幣化された動物であると言えるだろう。バタイユが暴力的なやりかたで対置したガリアの貨幣は、イメージがそれ自体の生命を失わずにいる。それは農耕開始以前の記憶をたたえたイメージであり、旧石器時代に描かれた馬に連なるのは、こちらのほうである。それは動物化された貨幣であり、掌に入る洞窟壁画である。「希望なき不統一」、鋳造によって保証される力の集中と遍在には寄与することができないが、「漸進的な組織化という合理的方法を圧倒」しながら「端正な調和をもたらす、すべての原則を拒否することで、ひとつの脱皮の必要性を打ち出す」可能性がある。

牛や羊が狂う家畜動物たちに病気が蔓延する時代。わたしたちはすべての動物が究極において貨幣化される時代に生きている。わたしたちに必要なのは、どちらの貨幣であるか。

引用参考文献
モネータに関する研究はそれほど多くない。ここでは大英博物館研究員のアンドルー・メドウズらの研究を参考にした。(Moneta and the Monuments: Coinage and Politics in Republican Rome in The Journal of Roman Studies,Vol.91(2001,pp.27-49)
ジョルジュ・バタイユ『ドキュマン』片山正樹訳、二見書房、一九七四年

新しい遺跡文化

鋼鉄でできた巨大な円筒の内部に入ると、まるで聖堂にいるような気がしてくる。見上げれば、高さ一〇〇メートルの丸天井から柔らかい光が降りそそいでいる。目の前にそそり立つ壁は、鮮やかな色に塗られた一万三千本あまりのドラム缶を積み重ねたものだが、空間の大きさのせいで、ドラム缶がプラスチック製の玩具に見えてしまうほどだ。この「ウォール」（壁）を作ったのは、かのクリストとジャン゠クロード。日米の海岸に青と黄色の傘を広げたアーチストのカップルの新作は、使われなくなった巨大ガスタンクのなかの、インスタレーションだった。

彼らのインスタレーションが行われた工業都市オーバーハウゼンの東側、エッセンからドルトムントにかけてひろがるルール工業地帯にはおびただしい数の「産業遺跡」がある。言うまでもなく、戦後ドイツの復興を支えた大工業地帯であるが、今から二五年前にはまだ勢いよく水蒸気と煙を吹き上げていたこの地も、八〇年代の半ばには、斜陽のときを迎えていた。ポスト産業社会への構造転換に加え、安価な労働力に支えられた海外の製品に立ち打ちできないことが明らかになるにつれ、ヨーロッパの「鉄と石炭の心臓」は、急速に冷えてゆく。高まる失業率と深刻化する環境汚染。その恐怖に押されるようにして付近住民の流出が始まり、過疎化が心配されだした一九八九年、ひとつのプロジェクトが立ちあがった。カール・ガンサー教授を議長にした「国際建築博」、ルール工業地帯の中心部分およそ八〇〇平方キロメートルに及ぶ地域の再開発は、ここを流れる河の名を取って、「エムシャー・パーク」とも呼ばれている。

もちろん普通の意味での「パーク」でも「展覧会」でもない。景観の復興、新しい居住地域の創出、工業地帯の公園化、河川や運河の再整備……ドイスブルグからドルトムントまでの一七の市町村を中心に、閉鎖された工場や開発によって荒廃した土地を新たなかたちに復活させ、もういちど人の住める空間を取り戻そうという、壮大な計画である。これまでに一二〇以上のプランが計画され、当初予定の一〇年間を終えた今、「国際建築博」は世界にも類を見ない、総合的な、ポスト産業時代の都市再開発として、その全貌を現している。

世界各国の建築家や芸術家が参加したプランは多岐にわたるが、荒廃した地を文化によって再生するという点で共通している。たとえば巨大な製鉄工場が博物館に生まれ変わり、コーク精製所の壁がアルピニストの登山練習施設になる。クリストの「ガスタンク」もそのひとつだ。巨大化した産業の風景を、もういちど人間の身の丈に引き戻そうと、さまざまな創意工夫が見られる。たとえば「エムシャー・パーク」の地域内には全長一三〇キロメートルに及ぶ遊歩道が設けられ、個々のプランを有機的に結びつける「プロムナード」が提案されている。週末になると「産業文化の道」「産業自然の道」「景観芸術の道」などと名づけられたルートを、徒歩や自転車などでたどる人々を多く見かける。「エムシャー・パーク」に居住する二〇〇万の住民は、重工業の歴史が深く刻まれた彼らの土地を身体で知り、確認し、再評価することができるかもしれない。

もちろんすべてのプランが成功しているわけではないだろう。しかしこれまでマイナス・イメージしか与えられなかった工業地帯が、新たな文化の輝きをおびて再生したことだけは間違いない。誰も近づこうとしなかった廃墟が、産業時代の「遺跡」として蘇える。荒地に息を吹きかえす雑草のように、失われた土地の記憶があちこちに芽を出しているような気がした。

自然のブラックボックス

リスボン大地震二五〇周年に考える

災害は、人間に自問させずにはおかない。人間にとって自然は何なのかという問いの裏にある、自然にとって人間とは何なのかという問いである。人間は、そして人間の生み出した文明は、自然から必然的に生まれたものなのか、それとも、ある偶然の連鎖によって今ある姿になったのか。偶然、すなわち一種の事故として、わたしたちは今ある姿を得ているのか。こうして災害が人間の想像力を超えるほどの規模の場合、人間と自然の限界を考えさせずにはおかない。

ゆるげども よもや抜けじの 要石
鹿島の神の あらん限りは

大鯰を押さえる「要石」

常陸鹿島神宮の境内にある、要石について詠まれた古歌である。伝説では大鯰(なまず)が地下で動いて地震を起こさないように、鹿島の神々が押さえつけるために置いたのが要石ということになっている。このイメージが人口に膾炙したのは、実際に地震が起きてからのことで、安政元年の地震では鯰を瓢箪で押さえている大津絵が知られるが、翌安政二年の大地震で江戸に多数の犠牲者が出たときに、鹿島大明神が石で鯰を押さえている、いわゆる地震鯰絵が大量に刷られた。地震発生のメカニズムを、泥のなかに隠れている魚で説明するのは、迷信というよりは庶民の知恵であろう。地震鯰絵では、大鯰が大判小判を吐き出している図も人気があったが、これも「災い転じて福をなす」というバイタリティの表れかもしれない。

いつ起きるか分からないが、起きるときは起きる。

何も言っていないのと同じであるが、それが真情ではないだろうか。自然の因果論では説明がつかないのだったら、鯰の頭に重石を載せておこうか。ささやかではあるが、これも一種の因果論には違いない。

災害の場所

おりしもマンション建築の構造計算書偽造が発覚し、耐震強度の偽装問題が日本全体をゆるがせている。大地震でなくても倒壊の恐れがある物件が、どれだけあるのかまだ分からないという。日本の耐震建築神話が、文字通り土台から崩される事件である。これらの偽造と偽装が発覚せずに地震が起き、建築物が倒壊したら、もはや自然災害とは呼ばれないだろう。ではそこに偽造も偽装もなく、すべて規格通りの建築なのに倒壊した場合はどうだろうか。

ちょうど二五〇年前に起きた地震について当時交わされた見解は、耐震強度の偽装におののく現代人にも参考になる。一七七五年ポルトガルの首都リスボンを壊滅させた大地震は、一八世紀後半の思想にも衝撃を与えた事件だった。この地震はポルトガルだけでなく、その後余震とみられる一連の地震がモロッコからスカンジナビアを含め、ヨーロッパ各地で感じられていたところから、今日では汎大陸的な規模をもつ一連の地震のひとつではなかったかと推測されている。ヴォルテールが『リスボンの厄災への詩』を書き、そして『カンディード または最善説』の重要なくだりで描かれたことで有名だが、そのヴォルテールに対して書かれたルソーの手紙は、「災害」について独自の見解を示したものとして興味深い。

ルソーによれば、確かに大地震が与えた損害は甚大だが、それはリスボンという当時有数の大都市に起きたから「災害」なのである。もし家と家との間隔が十分に開いていたならば、あるいはもっと軽い家に住んでいたならば、たとえ倒壊しても犠牲になることはなかったはずである。つまり地震は、都市という人間がつくった環境で起きたから災害なのであり、もし人がひとりもいなければそれは「災害」とは呼ばれないだろう。こうしてルソーは次のような見解に行き着く。

「わたしたちの言うがままに、世界の秩序は変えられなければならないというのか。わたしたちの法に自然が従わなければならないのか。わたしたちが都市を建設した場所では、地震を起こすことを禁じるというのか。」

ルソーの意見は、誰の目にも明らかなように、被災者への同情から発せられたものではない。当然、ヴォルテールとは真向から対立する。ヴォルテールはリスボン大地震に際して、それまでの最善説支持からオプティミスム批判に転じたことで知られる。地震で犠牲になった人々にとっても、世界は善であるのかと問うヴォルテールから見れば、ルソーはその通りと言っているわけである。ルソーが、あくまで人間が作り上げた「文明」こそが災害の起源であると言うのは、その思想の流れに照らしてみれば当然のことではあるが、ヴォルテールとの論争においては、反動的ととられても無理はないかもしれない。

もとよりどちらが正しいかという論争ではない。一八世紀の人文主義者が頭に描いていた「世界の秩序」と、今日のそれを比較するのは興味深いが、ことはそれほど単純ではないだろう。秩序よりも、問題は二五〇年後に生きるわたしたちにとっても、ルソーが考える災害の起源が分かっていない点にあるのだ。ルソーからすれば、耐震強度偽装を理由に「人災」を論じても、始まらないということになる。

この考えを推し進めると、もし災害が起こる場所に人間がいなかったら、それは災害ではないことになる。人間にとって災いなのだから、責任はそこにそのように住まう人間にあるというルソーの論は明快である。問題はそのような「場所」が、今日の地球上に認められるかどうかである。家が一軒も建っていないような場所は確かにまだあるだろうが、言うまでもなく問題なのは、人間の地理的分布なのではない。人間と世界の関係である。どのような形の自然災害であれ、それは今日「環境」という視点でとらえられる。災害の起きる場所は、もはや現実に人間が住んでいる特定の「場所」だけではない。環境全体にかかる影響に視点を置けば、ルソーが仮定したような場所は存在しない。現実の自然には「手付かずの自然」など存在しないだろう。「鳥インフルエンザ」はそのような自然のひとつの例かもしれない。この観点に立てば、地球上のすべての場所は、潜在的に災害の場所である。そのような世界に行き着いてしまったのが今日の人間である以上、ルソーの手紙はある意味で、予感を示していたようにも思える。

起きようすること

洪水や火山の噴火で人類が滅びるという話が多くの神話に見受けられるように、破滅的な自然災害は人間の心の深い部分に影響を与えてきた現象である。古代より、災害があるかどうかを知ることは、為政者にとって最重要事項のひとつだった。そのためにさまざまな卜占が試みられたし、また災害それ自体を予兆として読み解こうとする推論も繰り広げられた。来ることは分かっているが、それがいつどこに来るのか分からない。そのような自然現象の性格は、人間の思考を鍛えてもきたのである。メソポタミアにおける卜占は、さまざまな前兆からの推論を前提とするものとして、科学的思考の萌芽と見られているし、また古代中国においては、甲骨文の発達と同時期のものである。自然災害に対処することを通じて人間は自然となんとか折り合いをつけながら、これをコントロールする術を手中に収めてきた。定期的に洪水を繰り返す大河や漸進的な変化を伴う気象の場合は、ある程度の予測の技術が発達した。しかし地震だけは別だった。多くの自然災害のなかで地震が別格なのは、その本質的な突発性にある。だから泥から出てくる鯰にまで予兆を求めようとするわけである。リスボン大地震の場合、それが一一月一日の万聖節その日、しかも人々が教会に集まった朝九時過ぎに襲ったため、文字通り黙示録的な恐怖を人々に与えることになった。

ルソーは書いている。

「人間は人間の住む地上の王者であることは真実である。なぜなら、人間は単にすべての動物を支配するばかりでなく、また単に自分の工面工夫によって諸元素を自由に駆使するばかりではなく、地球上で人間のみがそれらを自由に駆使することができるからであり、さらに彼は自分が接近できない天体さえも、観照によってわがものとするからである。この地上で火の使用法を心得、太陽の力を感嘆できる動物が人間以外にあったら示してもらいたいものだ。」

人間中心主義のマニフェストとも読めるし、科学の力にたいする信頼を見事に要約した文章であるが、それでも人間にとって自由にならないのが、地震ということになる。はたしてそれは地上にいるかぎり、永遠に自由にならないものであろうか。ルソーが描くような人間にとって、それはどうしても認めがたい事実であろう。そこで予知の不可能性を、人間は別のやり方で克服しようと試みる。それらのなかで、現代においてもっとも強い力を発揮しているのが、シミュレーションだろう。

シミュレーションの応用範囲は、ほぼ科学技術のすべての分野にわたっている。したがってその性格をひとつに要約することは不可能であるが、災害に関して言えば、来ることは分かっているが、いつ来るのか分からないことを、あらかじめ起こしておくということになるだろう。あらかじめ地震を起こして、その建築物が倒壊するかどうかを調べる。いつ来るのかを知ることができないならば、計算の力で起こせばよい、結果をあらかじめ得ることができるなら、実際に来たときによりよく対応できるはずである。この考え方が力を持つようになり、部分的に現実を塗り替えてしまう様子はすでに多くの思想家や芸術家によって指摘されてきた。シミュレーションと世界の計算可能性が徐々に混同されていったともいえるだろう。地球全体をそっくりそのまま演算空間のなかに再現するような、超シミュレータがすでに現実のものとなっている。「接近できないものでさえも、観照によってわがものにする」という野望は、表面的には実現されているように見えるのである。

この「あらかじめ起こしておく」が、「あらかじめ防いでおく」と結びついたところに展開しているのが、今日のセキュリティをめぐる政治状況だろう。ルソーがどこまで予想していたかは分からないが、自然を駆使する自由を極限まで推し進めた結果、人間自身から自由を奪うことになっているのが、二五〇年後の現実である。災害のマネジメントはいまや戦争のマネジメントと相似形をなしつつある。もしそれがすべての社会において進み、それ以外の道を採ることができないのならば、人間にとってそれは思想的な道である。少なくともルソーがそうしたように、思想的に扱う課題でもあろう。

自然災害と権力との関係は、むろん今に始まったことではない。古代より自然の畏怖すべき力は権力の源泉であったし、そのことは現代においてもある程度認められるだろう。なぜなら今日大きく変容したのは、自然のほうではなくむしろ人間だからである。権力との関係において重要な、人間の数である。

リスボン大地震では津波による被害も甚大で、犠牲者数はポルトガルとモロッコを中心におよそ一〇万人と推測されている。もし同程度の地震が今日、大西洋岸あるいは地中海で起きた場合、どうなるだろうか。スマトラ島沖やパキスタンでの地震が示したように、死者とともに途方もない数の難民が生まれることは確実だろう。一八世紀と二一世紀の決定的な違いは、人口の増加とそれにともなう都市機能の極端な集中にある。一〇〇万人という単位で生まれる難民は、ひとつの災害で生まれる群衆としては最大規模のものだろう。災害群衆と呼んでしかるべき群衆は、戦争難民とならんで、今日「非常事態の政治的存在」と言うべきではないかと思う。

それがいつ来るかは最終的に分からなくても、それが来たときに生まれる災害群衆の規模は、シミュレーションによって予測がつく。実際にそのような計算は、この東京をはじめとして世界中で行われているであろう。問題はその群衆を権力はどのように扱おうとしているか、である。

ポール・ヴィリリオは事故と災害をテーマにした展覧会を企画した折、「起きようとしていること」は、わたしたちが「進歩」と呼んでいる現実の、底に巣食っている、もうひとつの現実を明るみに出すと書いた。ルソーの手紙にたいする応答と読むこともできるが、ヴィリリオの意味するところは、進歩と事故との本質的な関係である。ここで言う「事故」には、人災も自然災害も含まれる。今日、自然災害はその規模が大きければ大きいほど、不可避的に人災を伴うからであるが、それ以上に重要なのは、技術文明がますます事故を優先するようになっているという指摘である。事故を回避する技術と、事故を引き起こす技術は別々のものではなく、現代文明のひとつの帰結という視点である。

「二〇世紀に事故は重工業となった。」

機械化と高速化が進めば、そこで起きる事故もまた高速化する。ある技術において事故が起きるときは、必ず当該の技術が可能にする移動量と速度を伴った事故となるからである。自動車事故から原子力発電所の火災、さらにインターネット上での事故や個人情報の流出まで、すべての事故に共通する性格である。今日の災害は、そのような事故が重工業化され、さらに事故が情報産業化された社会において起きるということを忘れてはならないだろう。同様の構図が見えてくる。災害を避けようとする権力と、災害が起きてしまった場合にこれに対処する権力は別々のものではない。極端な都市化と人口増加が生み出したのは、「起きようとしていること」が権力にとって潜在的な非常事態になるという現実である。予知の不可能性とシミュレーションとのあいだで、災害は確実にその政治的意味を変えつつある。

「わたしたちの言うがままに、世界の秩序は変えられなければならないというのか。わたしたちの法に自然が従わなければならないのか。わたしたちが都市を建設した場所では、地震を起こすことを禁じるというのか。」

自然はルソーの問いに答えない。それは自然のブラックボックスである。自然のブラックボックスを認めるしかない。しかし権力はどうだろうか。これらの問いを肯定したいという誘惑に駆られぬことなどできるだろうか。言うがままに世界の秩序を変え、自然が法に従い、この都市で地震が起きるのを禁じる。もしこれらの問いに肯定的に答えようとするならば、そのとき担保にされるのは、ほかでもない群衆である。そして少なくとも現代文明の方向は、これらの問いを肯定しようとしているように見える。いつ来るか分からないが、いずれ必ず生まれる災害群衆を担保にするならば、これまで通りの開発と消費のやり方で、わたしたちの「進歩」もまだまだ十分続くであろう。

そろそろ気づかなくてはならない。要石が載せられているのは、鯰ではなく人間のほうではないかと。

引用参考文献
ルソー『自然と社会』平岡昇編　白水社
Paul Virilio, Ce qui arrive Fondation Cartier pour l'art contemporain 2002.
ポール・ヴィリリオ『自殺へ向かう世界』青山勝・多賀健太郎訳、ＮＴＴ出版

国境にて

旅先で年を越すと「謹賀新年」をいろいろな言語で聞くことになる。今年はUrte Berri Onバスク語であった。年末年始の雰囲気は国によってずいぶん違っている。それでも新聞を買えばたいていどの国でも〝今年の十大ニュース〟のような特集ページがある。文化によって暦が違っても、回顧と展望の時という点ではある程度共通するものがあるのだろう。

十大ニュースも、その内容は国の内外で大きく違うものだ。たとえばひとつの文化圏をフランスとスペインに分断されているバスク地方でも、スペイン側とフランス側ではニュースの受取り方に大きな差異がある。ある事件の重みを計る秤は、国境を越えれば簡単に変わってしまう。旅先の年末年始はいつも慌ただしいものだが、事件を相対化してみるという点では、それなりに意味のある経験かもしれない。

ピレネー山脈を分かつ国境にも、ヨーロッパの他の国境同様に今はほとんど誰もいない。

その無人地帯を歩きながら、どちらの国の〝十大事件〟にも取り上げられなかった、ある出来事について考えた。正確にいえば、あってもよい出来事がなかったことが特別に思えるのだ。一九九五年はある特定の事件ではなく、むしろある事件が起きなかったという点で、逆説的に記憶されるかもしれない。すなわち九五年は国家と国家のあいだに戦争が起こらなかった年だった。

無論この事は、世界が平和であることを示しているわけではない。湾岸戦争が侵略型戦争の最後の爆発であるという保証がどこにあるわけでもないのだ。だが確かに旧ユーゴスラビアの血で血を洗う戦争は一応の終戦に漕ぎ着けたし、イスラエルとパレスチナとのあいだの和平も幾多の障害を抱えながらもなんとか進んでいる。北アイルランドの休戦状態もうまく行けば二年目を迎えることができる。このような状況を見ながら、国家間に戦争の無い世界の訪れを期待していけないという理由はどこにもないだろう。

だが視線を国境の外から内側に向けると、事情は一変する。アルジェリア、南アフリカ、チェチェン、グルジア、トルコ……国境の内側に紛争を抱える国は決してなくならない。連邦内の内戦として始まったユーゴスラビアや、いままた一触即発の状態にあるルワンダとブルンジに明らかなように、国境の内側で始まる紛争は、その速度においても犠牲者の数においても、すでに国家間の戦争を凌ぐものになっているのだ。この事態をどうとらえたらよい

夏に催されるバイヨンヌ祭百万人の群衆

のだろうか。

国境の外よりも内側のほうが、戦争を起こしやすいということだろうか。単純に考えればそうなるだろう。戦争は地震ではない。どこかで自然に起きるわけではなく、綿密な準備の末にそれを起こす人間が必ずいる。たとえばユーゴやルワンダの紛争のプロセスを細かに検証してみることによって、ポスト冷戦時代に特有の危機構造が明らかになるだろう。これらの紛争の特徴は一種の憎悪を醸成することによって、群衆そのものを戦争状態に転化させたことにある。そのためにマスメディアを駆使し、国内に対立の火種を作り出すことがいかに手易いことか、驚くほどだ。群衆を煽動するのに必要な理論や技術は、平和のための理論や技術以上に洗練されていると見なければならない。

これに加えて軍隊が国境の内側に銃口を向けている状態が一般化しつつあるという、気になる現実がある。なにもアルジェリアやイスラエルに限った話ではない。ロサンジェルス暴動の際に軍隊が出動したことは記憶に新しいし、フランスの大都市では、現在も機関銃を水平に構えた兵士がテロの警戒にあたっている。軍隊が日常風景の一部になるという、パリなどではおよそ考えられなかったような光景にも、もはや市民のほうが慣れてしまった観がある。国境の警備が都市のなかにまで浸透しているのである。

こうした状況が経済や文化の地球化、つまり一般的にボーダレス化と呼ばれている時代の流れと裏表の関係にあることはいうまでもない。人間の経済活動や文化活動が国境という旧来の枠組みをはるかに超えてしまっているにもかかわらず、国家の政治的想像力は国境にしがみついたまま微動だにしない。現在進行中のフランスの核実験が明らかにしている通り、国家は核という手段を使ってまで国境の正統性を誇示するつもりでいるのだ。それぞれの国境の内側では何をしても許される。絶対王政を信じて疑わなかった時代にも似た不気味な硬直性ではないだろうか。この点で国境とは領土の限界ではなく、人間の想像力の限界ということになる。

国境の内側で始まる戦争に宣戦布告はありえない。とすれば常に第一の犠牲者となる市民にとって、これらの紛争は一種の受難なのだろうか。国境の不可侵性を受け入れなければならない時代に生きる人間の、予定された受難なのだろうか。

　そんなことはないだろう。未来があらかじめ書き記されているわけはない。現実の空間がいかに限定されていようとも、人間には常にその限界の外を夢みる力が備わっている。果てがあれば果ての先、終りがあれば終りの後と、ある限界が与えられると即座にその向こう側を考えてしまう思考は、人間が人間となったときに獲得した「癖」のようなものではないか。それらの〝先〟や〝後〟を次々に実現することによって、人間はこの世界を作ってきたのだろう。暦というのも、意外にこの癖から出てきたものかもしれない。

　だから今在る国境も、実は歴史のなかの比較的長い一日に過ぎないのかもしれないのだ。ピレネーの山のなかにはローマ帝国時代の道が残っている。その石畳の名残のわきには、赤と白で塗られた国境の標識が冬の光に照らされて立っている。もはや意味を失った標識を横目に見ながら、道もやがて地中に消えるまで歩き続けると、一日が終わる。そこから尾根にあがれば大西洋が見える。

　明日はまた、もうひとつの道である。

テルミヌスの変身

プロヴァンス地方の片田舎にあるサン・レミは、晩年のヴァン・ゴッホが数々の傑作を描いた場所としてよく知られている。町としては小さいが観光客が絶えないのは、もちろんゴッホが描いた風景が残されているからだ。画家が収容されていた病院はいまも健在で、きれいに保存されている部屋からは、ヒマワリやラベンダー畑の向こうに、糸杉の影が見える。

わたしが訪れたとき、病院では患者さんたちがつくっている美術作品の展覧会が開かれていた。回廊がかこむ美しい中庭にはバラが咲いている。そしてゴッホの部屋。こんなに小さな部屋だとは思わなかった。鉄格子の窓の向こうには、グラヌムの遺跡が見える。ローマ時代の都市遺跡である。アルルやニームなどを中心に一帯に残されているローマの遺跡のひとつで、南仏の強い陽差しが古代の円柱や門の影をくっきりと残す。

地中海沿岸に残るローマ帝国の遺跡には、たいてい近くに石切場の跡がある。石の文明を形成した膨大な量の石は、それぞれの都市の近くで切りだされてきた。なかにはパリのように都市が膨張するにしたがって、かつての石切場を腹のなかに飲み込んでしまったところも多いが、グラヌムの石切場は、ゴッホの病院と都市遺跡のあいだに今も壮大な姿を見せている。プロヴァンス特有の白っぽい岩肌に巨大な穴があいていて、近づく者を圧倒する。中は夏でも肌寒さを感じるほど涼しく、適度な湿度もあるところから、中世以降は石切場を住み家とする人々が絶えなかった。こうした穴ぐら住居は、他の地域にも多く残っている。

ローマ帝国の歴史は、地中海世界の征服史である。征服された土地の人々は奴隷として、都市建設のために働かされる。かつて岩肌に鑿をふるって石を切り出したのも彼らだろう。穴ぐら住居の内部は暗い。目が慣れると、壁という壁の表面に、鑿の跡が残っているのが見える。鋭い鑿の尖端が穿った無数の点が一面を覆っている。痕跡の方向は見事なほど整っていて、点の集まりが線になり、硬い岩の表面に波模様のような美しいパターンを作っている。ローマ帝国はこれら無数の鑿によって作られたのだと思うと、気が遠くなってくる。

痕跡のことを英語でもフランス語でも trace というが、無数の鑿の跡を見たプロヴァンスの人々は、石切場で働いていた人々のことを、しばしば traceur と呼んでいたそうだ。痕跡をつくる者、あるいは痕跡を残す者という意味だろうか。一般的なフランス語ではないけれども、鑿のひと振りひと振りが伝わるようで、面白い言葉である。いつの時代なのかはわからない。帝国が滅び、岩に滴った汗や血はミストラルと太陽が消し去った後にでてきた表現かもしれない。しかしトラスールたちの力はこんな風にして、穴ぐらのなかで永く残ってゆくのだろう。わたしはザラっとした感触の石壁に手をあてて、天井を見上げた。

サン・レミと聞くと今でもグラヌムの岩肌の模様と冷んやりとした穴ぐらの空気が思いだされる。痕跡を残す者は、跡形もなく消えてしまったが、彼らが残した痕跡は、かつてそこにいた人間の身ぶりの記憶として、それに触れる者をゆさぶらずにはおかない。住むための境界を決定しそのための空間を画定する壁。その壁は、こうして大地のなかから切り出されたのだった。

かつての住空間には、境界があった。ローマ帝国の場合は、境界神テルミヌスが、ボーダーを守っていた。領土を確定し、それを外部に知らしめるために、それぞれの文化は独自の指標をつくってきた。よく知られるように、ローマ人の帝国を支えていたのは、高度に発達した道路網である。土木と治水の技術がいかに優れていたかは、アヴィニョン近くに残る壮大な水道橋や、さらに遠く離れたピレネー山脈に残る舗石からも偲ばれる。その道が尽きるところ、それがテルミヌスの場所だった。今日、わたしたちはテルミヌスという言葉を、「道」

の尽きるところとして使っている。たとえば電車やバスのターミナルである。ひとつのラインの終わる点、つまり「終点」としてのターミナルに、もはや今日の旅人は、神を見ることはないかもしれない。それでもこの「終点」は、かつて境界神が守らなければならなかった。大都市の複数の路線が乗り入れる駅には、微かにではあるが、そのことが感じられる。ローマのテルミニ駅やパリの北駅周辺の猥雑とした雰囲気である。東京では上野駅がそうだろうか。大都市の終着駅には、一種独特の群集がいる。かつて詩人がうたったように、その群集からは故郷の訛りが聞こえることもあるし、ローマのテルミニのように、スリがたくさんいるかもしれない。みやげ物とお守りとお弁当がひしめきあい、ヨーロッパの場合には各国語の新聞雑誌が売られ、時刻表を見上げれば異国の町の名が並んでいる。ガイドブックを開くと、たいてい安売りの店は終着駅の近くにあり、バーやキャバレーも近くにある。安くて早い立ち食いの店があるのもそこだが、夜の一人歩きに注意しなければならないようなところも少なくない。

都市のターミナルに他の地区とは違った、華やぎと危険な雰囲気が同居しているのは、そこが「異なるもの」との接点だからに他ならない。異国からの人やモノが到着するところ、「外部」が日常のなかに貫入してくるところである。ローマにあっては、異なる言葉を話す「野蛮」人が住む空間との接点だろう。都市の内部で使われている言葉とは、異なる言葉を使う人々、異なるコードを持つ人々が降り立つところだから、それ相応の態度を示さなければならない場所なのだ。境界の内側の人間にとっては好奇心と恐怖心が入り混じるところであり、そして本当の旅が始まるところである。テルミヌスという神が置かれるのは、単に道が尽きるからではない。テルミヌスそのものが異界と触れる場所、未知が始まるところなのだ。つまりターミナル駅そのものが、神さまなのである。

地球がどんなに小さくなっても、未知は存在する。たとえ原始の森の奥にまで高速道路が開通し、成層圏を飛ぶ飛行機が大陸間を数時間で結ぶようになろうとも、人類はこの地球の秘密のすべてを知ることはないだろう。そのような世界でテルミヌスは、かつてのような「境界の神」だろうか。

わたしが子供のころ、電話はダイヤルがついた装置だった。装置と呼ぶに相応しく、それは黒くて目覚まし時計よりも大きな音がするものだった。黒い電話は、しばしば玄関口に置かれていた。なぜなのか、本当の理由は分からないが、電話はやはり外からやってくるものだったのだろう。来客が最初に入ってくるのが玄関であるように、電話の声もやはり玄関から入ってくるように感じていたのかもしれない。電話をかけるときも、番号をひとつひとつ確かめるように人さし指で回したものだ。まるで見えない玄関に向かって「開けてください」

とおまじないをかけているようだった。

そうした光景は、世界中どこへいっても遠い過去のものになった。今日ターミナルと呼ばれる場所、それは端末あるいは末端にある、非常に小さな「点」である。かつての道はケーブルであり、あるいは光ファイバーであり、そして人工衛星が仲介する通信設備である。究極的には、「道無き道」である。無線と呼ばれるのは、宇宙空間を経由して大気中をあらゆる方向に進む、見えない波のことである。この見えない波が、見えるようになる地点、聞こえない波が聞こえるようになる地点が、「端末」と呼ばれる新しいターミナルである。

前世紀末にインターネットが爆発的に普及するにあたって、合衆国は「情報スーパーハイウェイ構想」を打ち出したが、考えてみればそのときはまだローマ帝国の道路網のイメージは生きていたのだろう。そうでなければ「スーパー高速道路」とは名づけなかったに違いない。だがもはや道はない。空間のあらゆる場を通って、電波は届く。端末に声が、文字が、絵が届く。しかもかつてのように、家という空間に届くのではなく、人間に届く。移動体通信は、住空間から個人へと端末の先を変える。いまやすべての人間が端末になろうとしているのである。

目に見えない変化、それは広い意味での境界の変容としてとらえることができるだろう。かつて郊外という空間が都市の境界を打ち消して、アメーバ状にひろがってゆくメガロポリスを生みだしていったのとは異なり、現在の技術革新がもたらす変化は、はっきりとは目には見えない。なぜなら痕跡を残さないからだ。わたしたちが住もうとしているのは鑿の跡の残らない、触ることも感じることもできない壁でできた空間である。自分自身がターミナルになってしまった人間にとって、外部に境界は存在しない。いつでも、どこにいても、そこが都市であり、そこが住む場所であり、そこが終点である。

駅の神さまは、そんなわたしたちをどう見ているだろうか。果たしてテルミヌスはいまでもどこかで見守ってくれているのだろうか。

III 情報・群衆・芸術

琥珀の心

琥珀は不思議な宝石である。太古の時代に樹脂が地中で石化したものなので、厳密にいえば鉱物ではない。石の硬さをもつが、琥珀を通る光はダイヤモンドのように冷たくはなく、すこし温かみがある。指先でゆっくり回転させながら見つめていると、ふと森の木漏れ日を感じることもある。五千万年前の森の光が掌のなかに拡がるような……。

蜂蜜のような色をした石のなかには、葉や昆虫が含まれていることがある。マイケル・クライトン原作の『ジュラシック・パーク』は、琥珀に含まれていた蚊から、それが吸った恐竜の血のDNAを採取し、絶滅した動物を再生するというストーリーだったが、現実には石化した蚊では不可能なアイデアのようである。

消滅した過去を蘇らせたいという気持ちは、おそらく人類に古くから存在するものだろう。過去の栄光を取り戻したいという気持ちも、いまは亡き人への愛情の情も、時間を前にした人間の普遍的な感情にちがいない。

わたしたちには逆行することができないということが分かっている。

どんなに強大な力をもっている人でさえ、クロノスの前では無力だ。地球を支配していると思っている人類も、この琥珀のなかに閉じ込められた虫や葉のかけらと同じように、いつかはその瞬間を迎える。

ただわたしたちに、絶滅した虫と少しだけ違っているところがあるとすれば、おそらく「その瞬間」について考え、言葉にできるという点である。わたしたちは消滅を、ひとつの経験としてとらえ、悩みを打ち明けることができる。

もちろんわたしたちが自身の「死を経験する」と言えるかどうかは、哲学的な議論の対象になろう。生命の終わりの定義についてと同様に、死の定義は医学的あるいは倫理的な議論の対象であり、特に細胞レベルで生命を操作することが可能になった今日、そう簡単に決着のつく問題ではなさそうである。ここでは人間にとっての消滅という経験を、イメージ・物質・テクノロジーという観点から考えてみたいと思う。

＊

イギリスのある考古学者が、一般向けに書かれた入門書の結論として、こんなことを書いていた。

「誰でもなろうと思えば、考古学者になることはできます。ただし、それでお金持ちになろうなどとは思わないように。」

現実の考古学者は、インディ・ジョーンズではない。考古学が宝探しでないことくらいは誰にもわかるはずだが、そこにまぶされた夢やロマンの味付けは相当にしつこいようだ。おそらく帝国主義や植民地主義の時代に発展した、「失われた文明」探しとしての考古学の影が、まだ強く尾を引いているということだろう。特にエジプトやギリシアといった古代文明の発掘が、娯楽映画にとって格好の題材だったことも大きく影響している。共通しているのは、地底の暗闇から、忘れられていた過去が救い出されるというイメージである。

このイメージはいくつかの点で誤解を招きやすい。まず過去は必ずしも地底に眠っているわけではない。物質としての過去がすべてわたしたちが生きている現在にある以上、考古学の現場は遍在していると考えるべきである。忘れられているという点では、南米の密林に埋もれている遺跡よりも深刻な状況はいくらでもある。すぐそこにあるにもかかわらず、誰も行かない場所でこそ、消滅の速度は大きいのである。

たとえば中国のアーティスト海波の作品は、写真というもっともありふれたものが、その場所への入口となることを教えている。『They』のシリーズは中国の文化革命時代に写真館で撮影された記念写真を出発点にしている。作家は行方の知れない被写体の後を追跡して探し出し、かつてと同じような構図で撮影する。こうして過去と現在が二枚並べられて展示されるシリーズであるが、それだけなら写真史にいくらでもある再撮影プロジェクトと変わるところはない。

海波の作品の重要な点のひとつは、記念写真がグループという点にある。時代の激動のなかでほとんどの成員はバラバラになり、お互いの連絡がない場合も多いだろう。被写体の全員が揃うこともあれば、そうでない場合も出てくる。およそ三〇年後にとられた写真には、こうして空席が生まれる。三〇年前の写真にはなかった、不在が写されることになるのである。

写真とは、いずれのある時に不在になるということを、先回りして記録してしまう技術である。言い換えれば、写真はすべからく、いつの日にか遺影になる。ジャン・ボードリヤールは写真を、消滅を前提にした行為であると明言したが、逆に撮影という行為によって、消滅という経験の中身が明らかになることもある。もし最初の写真がなかったら再撮影はありえないし、また再撮影が一〇〇年後であったら、ひとりも揃うことはない。消滅も記憶も、ひとつのプロセスである。海波の作品は消滅が社会的なプロセスであり、そこに写真が深く関与していることを示している。

＊

インディ・ジョーンズ的なイメージが与えるもうひとつの誤解は、「失われた過去を救い出す」というシナリオである。考古学が、発掘された過去の研究と保存において、大きな役割をもっていることは確かであるし、いわゆる「世界遺産」への登録が、人類共有の財産のために効果があることも否定はできない。それでもなお、考古学にはメフィストフェレス的な面があることを指摘しておきたい。

これは過去の空間的な配置にかかわる問題である。一般的に、より古い時代へ遡ろうとすれば、その途中にある地層を掘って進まなければならない。目的にいたるまでの空間は掘り起こされ、巨大な山となる。土器のかけらや指先ほどの像を手にするため、何十トンという土が取り除かれるのが普通である。特定の過去に価値をみとめ、保存に優先順位をつけるのは、現在である。過去のすべてに同等の価値を与え、それを保存しようとすれば、どれだけ博物館を作っても足りないだろう。ある過去を保存するには、それ以外の過去の消滅を容認しなければならない。

その後の事態は、さらに深刻である。芸術誕生のもっとも劇的な例として、ラスコー洞窟の名を知らぬ者はいないだろう。フランス中部にあるこの洞窟は、二〇世紀半ばに発見されて以来、おびただしい数の観光客が訪れたが七〇年代に入って洞窟の表面に付着したカビの繁殖が問題になり、以降一般には閉鎖されて今日に至っている。その後、最先端の保存技術が投入されてきたが、最新のニュースによれば、それでもカビの繁殖を食い止めることはできず、あの見事な彩色壁画も消滅する可能性が大きいと伝えられている。

これは日本の古墳壁画が辿っている運命と、基本的には同じであろう。発掘されたばかりに、消滅の危機に見舞われる。失われた過去を取り戻そうとする、その同じ身振りが、まったく逆の結果を招いてしまう。保存しようとすればするほど失われてゆくこのプロセスは、将来「ラスコーの悪夢」として記憶されることになるかもしれない。

この点からみると宮永愛子の作品は、逆説的な考古学と言えるかもしれない。作品が展示された瞬間から、消滅のプロセスが始まる。鑑賞者にそのプロセスを食い止める力がないことはもちろんであるが、消滅しつつある物質がナフタリンによって作られていることも、われわれの無力さを象徴しているようにも見える。防虫剤として役に立つ物質そのものが、刻々と溶けて見えなくなってゆくのである。

しかもそれでおしまいではない。その後には、別のかたちに姿を変えた物質が残る。かつて「靴」や「メガネ」という名前で呼ばれていたモノたちが、いまは名づけようのないかたちで残る。それはすべて「かつて……だったもの」である。わたしたちはそこで、記憶のなかでしか名づけようのない「現在」を前にして、沈黙するのである。

＊

わたしたちが生きる時代は、ある意味で、この作品のように崩壊しながら残ってゆく何かを相手にしていると言えるかもしれない。その中心にはテクノロジーをめぐる逆説的な状況が垣間見える。たとえば情報技術の飛躍的な発展によって、図書館にある書物をすべてデジタル化するというアイデアがある。すでに世界各地で進行中であり、実際にそれらの多くの書物がインターネットを介して閲覧できるようになっている。書物だけではない。音楽も写真も動画も、原理的にはデジタル化できるものはすべて将来そうなるだろう。人類が残してきた文化の相当部分が電子化され、共有される日がそこまで来ていると言えるかもしれない。

どこにもないのに、どこからでもアクセスできる過去。電気が可能にするユートピア。起源を辿ればそうなるだろう。もともと琥珀はバルト海沿岸で多く産出し、古代には地中海まで運ばれていた。ギリシア人は琥珀を大切にしたことが知られるが、それは琥珀がもつ見えない力のせいでもあった。「エレクトロン」は、琥珀を意味するギリシア語を語源としている。静電気、絹で琥珀を擦ると生まれる見えない力がそれである。

その目には見えない非物質の力もまた、物質の場合と同様の問題を生み出している。電子化された情報を保存するには、物質であった時とは比較にならないほどのエネルギーと手間がかかるからである。単にDVDやHDがモノとしてもっている寿命が短いというだけではない。それらを閲覧するための環境全体が、常に技術革新を続けなければならない運命にある以上、いったん電子情報化されたら、その後は何らかのかたちでの「改訂」が続けられなければならない。

ここでは英語の「ヴァージョン・アップ」より、フランス語の「ミズ・ア・ジュール」のほうが、ことの本質を言い表しているように思う。千年前の源氏物語絵巻は、多少色褪せても鑑賞に耐えているが、デジタル化された絵巻を千年後に鑑賞するためには、どれだけの労力が必要だろう。記憶容量が大きくなれば、壊れたときの消滅の規模も巨大である。バックアップ自体もまた装置の疲労と技術的な改善に応じて、改訂されなければならない。半永久的にメンテナンスが必要だとすれば、これもまたラスコーとは別の「悪夢」と言えないだろうか。

＊

西欧世界において断片としてではなく現存する、最古の歴史書を書いたヘロドトスは、それを次のように始めていた。

「……人間界の出来事が時の移ろいとともに忘れ去られ、ギリシア人やバルバロイの果たした偉大な驚嘆すべき事蹟も……やがて世の人に知られなくなるのを恐れて、自ら研究調査したところを書き述べたものである。」

二一世紀のメディアに囲まれて暮らすわたしたちが、一日のうちに目にすることのできるイメージの量は、ヘロドトスが一生のあいだに出会ったイメージの量をはるかに凌駕するであろう。ことに遠くの場所で起きていることを、リアルタイムに目撃することに慣れた現代人が、「歴史学の父」ヘロドトスの調査研究の信憑性に疑いを投げかけてもおかしくはない。しかしひとりの人間として、わたしたちはヘロドトスが怖れた忘却から、はたして解放されているると言えるだろうか。

台湾の映像作家陳界仁の映像作品『工場』は、台湾の衣料工場を描いたものである。若い女性たちが長時間の過酷な労働を強いられていた現場は、すでに閉鎖されている。その無人の工場にかつての女性たちが現れ、ミシンの前に座る。針に糸を通そうとする手は震え、糸はなかなか穴を通ってくれない。

忘却の彼方から帰ってきたアリアドネ。

導きの糸が通ったかのようにミシンは動き出し、時間が反転する。工場が稼動していた頃の記録映像が流れる。

オデュッセウスは冥界に降りてゆき死者に質問をすることができたが、わたしたちは過去へ行くことはできないし、過去を変えることもできない。しかし過去との関係は、絶対のものではない。わたしたちはイメージをとおして、脳のなかに冥界をつくりだし、そこへ降りてゆくことができる。陳界仁の作品が示しているように、過去はイメージとして再演されることによって、新たな意味を獲得することもできる。

＊

イメージをとおして、過去がわたしたちとの新たな関係をとりもつとき、特別な力を発揮するものがある。一般的に「痕跡」と呼ばれる現象である。物質はすべて痕跡となることができるが、それにはいくつかの条件がある。何らかの力によって物質が変化し、その変化が一定の時間残っていなければならない。何らかの形として残される作品は、すべて広い意味での痕跡であるとも言える。しかし痕跡の最大の特徴は、それを残した何かが消滅しているという点にある。

塩田千春の作品に使われるベッドや靴や窓枠は、どれもどこかで誰かに使用されたものである。おそらくそれが使用されていたときは、なんら特別なところのないものだったに違いない。靴はただの靴であり、窓はただの窓である。しかし東ベルリンの古いビルが取り壊され、窓枠だけが残され、それが集められると、窓はそれまでとは別の時間を生きるようになる。

窓は誰かがそこから眺めていたという意味での、眼差しのアーカイヴである。いまや不在となった眼差しに代わり、窓辺に立つのはわたしたちである。その瞬間、流れ出すのが、痕跡としての時間である。そのとき窓は、外の風景を覗くための枠ではなく、時間を内部へ開くための窓となる。

痕跡はわたしたちの周りに無数にあるが、消滅を免れるのはごく少ない。痕跡が生き延びるには、繊細な眼差しが必要だからである。塩田千春の作品の影に見えないアリアドネが現れて、現在を過去への糸で結んでゆく。記憶の糸によってしかるべき配置を得た痕跡は、過去を未知のかたちへと再構成することができる。それは歴史的な過去ではなく、どこか知らない場所から到来する過去である。

＊

ジャック・デリダは晩年の講演で、ある琥珀について語ったことがある。フランスで発掘されたもので、中には二匹の昆虫が入っていた。一匹の虫が他の虫の血を吸おうとしている瞬間が閉じ込められていたため、特別に報じられたその琥珀について、哲学者は「出来事のアーカイヴ」と呼んだ。それは五四〇〇万年前に、ただ一度だけ、ふたつの小さな生命体に起きた、ある瞬間の「アーカイヴ」である。

永い地質的時間のなかでは、まったく取るに足らない極小の出来事が閉じ込められ、さらに永い進化の時間の果てに、その時点では出現するかどうかさえ分からなかったはずの、ヒトという種によって五四〇〇万年後に発見され、それを言葉にして語り、さらに考える誰かがいるということは、どういうことなのだろう。消滅を免れる可能性という点からすれば、奇跡という言葉ではとても足りない。それは奇跡以上の奇跡だが、それは実際に起きたのであり、これからも起きる可能性がないとは誰にもいえない。アートがそうであるように。わたしたちの時代を覆っている消滅の力がどれほど巨大であっても、過去はこんな風に、不意をつくようにして現在を刺激する。

小さな琥珀に閉じ込められた世界は、それを信じてもよいと、わたしに語りかけている。

引用参考文献
ヘロドトス『歴史』松平千秋訳、岩波文庫、上巻、九頁
塩田千春『精神の呼吸』国立国際美術館、二〇〇八年、カタログ
ジャック・デリダ『パピエ・マシン 上』中山元訳、ちくま学芸文庫

感性と知性のボーダレス

はたよしこ『アウトサイダー・アートの世界』

ブリュットというフランス語は、ふつう「自然のままの」「もとのままの」を意味する。たとえば原石、原油や粗糖など、原材料を指すいっぽう、総量、粗利益や総生産など、何も引かない状態の総計という意味でも使われる。第二次大戦後まもなく、フランスの画家ジャン・デュビュッフェは、自らが中心となって集めた作品群を「アール・ブリュット」と呼んだ。作者たちは当時誰ひとりとして、芸術家とは見なされない人物たちだった。そこには「社会生活に不適応」と扱われて孤独な生活を余儀なくされたり、精神病院や監獄といった施設に隔離された人々が含まれていたからであり、彼らの表現はそれがどれほど独創的なものであっても、発表の場所をもつことはなかった。デュビュッフェの呼称が、二〇世紀初めの西欧芸術が世界各地に再発見した「プリミティヴ」な芸術や「シュルレアル」な美学の後に現れたものだったことは、それから半世紀以上たった今でも意味深い。

本書はスイス・ローザンヌにある「アール・ブリュット」と日本の「アウトサイダー・アート」の両コレクションによる展覧会に際して出版されたものであり、この驚くべき創造の世界について知るための最良のガイドブックである。まずは図版のページをゆっくりとめくることをお勧めしたい。不思議な顔が、どこか懐かしい風景が、余白を埋めてゆく無数の文字の群れが、わたしたちを未知の大陸へと招いている。どの作品もいちど目にしたら忘れることの難しい、非常に強い個性にあふれるまぎれもない美術作品であるが、それにもかかわらず、わたしたちが知る美術史のいかなる流派にも回収できそうにない。そこに共通しているのは、ほとばしる創造のエネルギーであり、それ以外の何物をも必要としてはいない。理論的な評価も市場での値段も必要としてない、真に独立した表現行為である。

無為で独立しているということは、これらの作品の強さであると同時に弱点でもある。冒頭に登場する画家アロイーズに始まり、現代日本の作家にいたるまで、生み出された作品が社会に知られる以前に、その大半が廃棄される例は少なくない。ローザンヌのコレクションに衝撃を受けて以来、日本のアール・ブリュットを探索してきた編著者のはたよしこさんは、次のように書いている。

「……現場ではあわや破棄される寸前という作品に遭遇することもある。そのたびに、すぐれた作品の収集と保存がひとつの価値観を形成し、継承されてゆくことの大切さを痛感する。」

これはかつて人類学者が博物館をつくるときに感じたことと似ているように見えるが、ある難しさを抱えている。これらの作品は「民族」や「時代」に属しているのとは異なり、まして「団体」や「運動」の流れを汲んでいるわけでもなく、徹底して個人に始まり個人に帰っている。そこに何らかの「主義」を持ち込むと、そのこと自体が作品の生命力を失わせかねない。

「それにはどんな形態が望ましいのか。私たちは本腰を入れて考えなければならない時期が来ていると思う。それは福祉分野だ、美術分野だと分けて考えるようなことではないのではないか。」

おそらくデュビュッフェも同じように悩んだであろう。これらの作品に心を揺さぶられるわたしたちもまた、同じ問いを共有せざるをえない。本書に収録されているはたよしこさんによるスイスにおけるアール・ブリュットをめぐる旅や、都築響一さんによる日本のアーティストたちのアトリエ探訪は、作品そのものの秘密だけでなく、彼らの力を社会が共有するために必要なことを考えるための、貴重な報告となっている。

収められている二〇人あまりのアーティストの作品に唸り、プロフィールを読み返しながら、創造と自由意思について考え込んでしまう。一歩手前で作品に立ち戻ろうとしても、今度は知性の問題が出てくる。「アウトサイダー」という呼称は必然的に何らかの「境界」を前提としているが、そのひとつは知性についてのものだろう。そこで「知的障害」という言葉が出てくるわけだが、作品とプロフィールを前にすると、誰もが創造行為における「知性」とは何なのかと問い直さざるをえない。

わたしたちの時代の科学技術先導型で効率至上主義の文明が招いた危機のひとつが、感性と知性の断絶にあることは、ここで繰り返すまでもないだろう。もし、これらのアーティストたちが、何らかの理由でこの断絶を核にもっているような社会に「適合できない」としたら。わたしには彼らの作品群が、別のやり方で感性と知性の再結合を果たそうとしているように見えてくる。

どの作品も、それぞれのやり方で、問いを発している。この深い断絶について、つまり文明が負っている障害について、社会はどう対応しているだろうか。同時に、これらの芸術は、それを解くための鍵が、人間の心のなかにまだ隠されているのではないかと、そっと教えているように思う。ブリュットという言葉は、それを暗示している。心の自然について、心の総体について、わたしたちが知らないことはまだまだ多い。そのためにも、できるかぎり作品総体を継承しなければならないのである。

引用参考文献
はたよしこ『アウトサイダー・アートの世界』紀伊國屋書店

情報と感染学

SARS流行について

疫病について書くことには、疫病のように書くことの危険がつきまとう。展開がどうなるのかが読めない病について、未来を「読む」という表現は危険である。それは時間の連続を一冊の書物として捉えるメタファーから出てくるのだろうが、こと疫病にかぎっては、予言書的な性格をもちやすい。未知の病の流行は、歴史上しばしば神秘主義的な解釈を招いてきた。たとえば毎年おおくの犠牲者を出しつづけている「インフルエンザ」という名が意味する「影響」は、もともと「星界の影響」であった。原因が知られず、結果がどうなるかも見えない流行の最中であるならばなおさらであり、終息に向かいつつあるとはいえ、いまだ進行中の出来事について分析を加えるのは勇気のいるものである。

新型肺炎ＳＡＲＳの場合も、原因が不明のまま事態がどのように展開するのか読めないという点では、いまだに筋書きの不明な生成途上の書であり、むしろ書になる以前の一次的な状況報告を待つ段階にあると言ってよい。流行は北半球から始まったが、それが南半球に波及しないとは誰にも言えない。そして南半球に波及した後に、ふたたび北半球で再流行する可能性もあると言われる。ここでは、この疫病の流行について現時点で確認できている、いくつかの特徴だけを取り上げ、高度情報社会のなかの群衆との関連において、若干の考察を加えるにとどめることにしたい。

宿主という問い

「謎の肺炎」と呼ばれた時期を過ぎ、病原がコロナウイルスと同じような遺伝子配列をもつ新種のＳＡＲＳウイルスであると突き止められた頃にはすでに、ＳＡＲＳが人獣共通感染症である可能性が指摘されていた。最初の発生地点と目されている広東省で行なわれた調査では、食用動物として飼われていたハクビシンやタヌキなどからコロナウイルスが発見されたせいもあり、これらの動物が自然宿主なのではないかという疑いがもたれているが、これには反論も出されている。調査の対象になったハクビシン自体が、他の動物から感染していた可能性もあるからで、この場合の「他の動物」には当然家畜だけでなく、人間も含まれる。

広東省河源（かげん）では少なくとも二〇〇二年一一月に最初の患者が出ていたと報告されている。この時は急性肺炎と診断され、広州の病院に転送されたが、河源の病院ではこの患者を担当したスタッフ全員が感染している。この時点で広州の感染症専門家は新型の肺炎であるという見方を強め、広東州政府の衛生部門に報告した。

同じ年の一二月、深圳（しんせん）のレストランに勤務していた調理師が発熱し、入院した病院で、次々に同種の病気が発生したことが確かめられている。この人物がスーパースプレッダーと呼ばれる、多人数への媒介者の初期の例であると見られているが、この時点での正確な感染ルートは不明のままである。

深圳という都市について少しだけ触れておく。一九九七年七月「返還」前後の香港に滞在した折に訪れた頃の深圳は、すでに真新しい高層マンションが立ち並び、大型のホテルが次々に登場する都市であった。その市街地の真ん中に市場がある。ふたつあった建物のひとつが動物市場で、薄暗い内部には爬虫類と哺乳類が混ざり合って並ぶ金属製の檻の列から強烈な匂いが立ち上っていた。市場では犬やネコや籠に入った鳥も売られていたが、どこまでが食用でどこからがペットなのか、どうも判然としない。深圳という地名を聞いて、ただちに思い浮かべたのは、光り輝く高層ビルの下の、蒸し暑い市場に充満していた獣たちの匂いだったのである。

二〇〇三年四月初めに現地調査を行なったＷＨＯの調査チームは、感染者の多くが飲食業者や野生動物も扱う食肉関係業者であると報告している。トリやブタなどの家畜に由来するコロナウイルスが野生動物を介して毒性を強め、それがヒトに感染したと見る専門家も少なくない。いずれにしても宿主が人間だけでなく、動物との共存空間が発生源となったことは、ほぼ確実である。

ウイルスは生物に不可欠の代謝系を欠いているため、それ自体では増殖できない。生きた細胞に寄生してはじめて増殖し、遺伝現象や変異を起こすことができる。そこで宿主となる動物を特定することが、感染ルートを知る上で決定的に重要になる。だがこれらのウイルスは、突然地上に出現したものではない。人獣共通感染症の研究が示しているのは、もともと自然宿主である動物と、ある共生関係を築いていたウイルスが、何かのきっかけでヒトにうつるという可能性である。[1] 特に、エボラ出血熱のように、熱帯で発生した感染症では、森林の生態系破壊が背景にあるのではないかという見方も強い。エボラ出血熱では、野生のチンパンジーからヒトへの感染が記録されているが、もともと森林のなかで暮らしていた人間の伝統的な生活様式のなかでの感染というよりは、伐採地に近い村や人口過密地といった、広い意味での「都市化」のなかで起きた出来事だった。人間の行動様式の変化だけでなく、生態系の変化による動物の行動様式の変化をも射程に含めなければ、感染源の特定は不可能だろう。

人獣共通感染症が語ることのひとつは、このような「都市化」という現象の隠された一面である。ウイルスに視点を置いたとき、人間も動物もともに「宿主」という点で両者は連続する。ふつう都市化は自然環境の破壊と同一の過程としてとらえられ、その過程で人間は自然を喪失すると考えられている。都市化を、人類が登場したときからゆっくりと続いてきた、環境の人工化の最終段階であるとするならば、そうであろう。だがこの連続性には別の見方もある。環境の人工化は必ずしも自然の破壊ではない、とする見方である。

たとえば熱帯の森林のなかで、一定の生活様式をつくりあげてきた先住民の立場からすれば、環境への働きかけによって維持されてきた自然という見方も可能である。この見方は、ウイルスに視点を置くときにも重要である。なぜ人獣共通感染症が発生したのかという問いの裏には、なぜそれまで人獣共通感染症が発生しなかったのかという問いを想定することができるからである。ある人間集団が、ウイルスの自然宿主となっていた動物と近接した環境にいながら、感染しないような生活様式を営んでいたという可能性を否定することはできない。都市化が、その様式を壊してしまい、動物と人間との関係を変質させてしまったからかもしれないからである。

言い換えるならば、ウイルスが暗示しているのは、自然環境の破壊だけでなく、それと切り離すことの出来ない、文化の破壊である。たとえば特定の動物を食べてはいけないとするタブーや、調理する際の諸規則を含めた文化コードはその一例である。ＳＡＲＳの場合にも、人間が動物を食べることの、一見するときわめて当たり前の行動のなかに、ある根底的な変化（たとえば飼育環境や条件、生産と消費の様式、経済効率）の影を見ることが可能かもしれない。

情報の潜伏期間

感染してから発症にいたるまでの期間が比較的長かったことが、病気の驚異的な拡散の原因のひとつとなった。およそ一〇日間の潜伏期間は、現代の生活様式では、十分に長い時間である。たとえば感染前から計画されていた移動や海外への渡航は、そのまま実行に移されるであろうし、移動先や渡航先で発症した時には、すでに特定の不可能なほど無数の接触が起こっている。特に初期医療の段階での対策が遅れていたために、感染者のなかに多くの医療スタッフが含まれていたことも、拡散の原因となった。広東省で発生した病気が全世界へ拡大する窓口となった香港の例は、それを如実に示している。ＷＨＯが解明したルートによると、香港への媒介役となってしまったのは、広州市の医大付属病院でＳＡＲＳの治療にあたった医師である。発熱していたにもかかわらず、この医師は二月二一日親戚の結婚式に出席するために香港へ旅行。香港に渡航した一人の医師から、ホテルの同じフロアの宿泊客にウイルスが拡がり、これらの客によってベトナム、台湾、カナダなどへと運ばれたことが分かっている。

このルートが解明され、他地域でも医療スタッフによる媒介が指摘されてから、中国をはじめとした各国における初期医療体制への批判が巻き起こったわけであるが、そこには初動策に大きな違いがあったことも事実である。たとえば発生源の広東省と、流行地域の香港にあいだにあって、感染者を公式には一人（六月一一日現在）にとどめることに成功したマカオの例は、詳細な検討が必要であろう。[2] 人口五〇万人、毎日一〇万人前後の人間が出入りすると人口密集地である。マカオでは公式発表がなかったにもかかわらず、「謎の肺炎」の噂が流れた段階の二月一〇日、疫病予防対策センターが対策を講じた。問題の広州市の医師が香港に渡航する以前の二月一二日には、簡単な診断マニュアルを制作し、マカオの医療機関に配布しているのである。香港で大流行が始まった三月下旬には、すでに本格的な緊急対策センターが組織され、対策マニュアルだけでなく、予防法を紹介する講座が学校、労働組合、ホテル、教会などで開かれている。

WHOが広州、香港、ベトナムで新型の肺炎が発生しているという緊急警報を発したのは三月中旬であり、またその原因をSARSウイルスと断定したのが四月中旬であったことを考えると、二月の段階で対策を講じていたという事実は、驚異にさえ映る。ここで注目しなければならないのは、マカオの医療関係者が、広東省の「噂」に反応し、噂を確かな情報であると確認するために、非公式のルートを使って調査したという点である。さらに重要なのは、その調査に基づいて、初期段階からの情報提供により、市民のあいだに共通の理解が形成されたことである。感染が起きると予想される場所、不特定多数の人間が集まる場所で、地道に行なわれたマニュアルの配布や対策の説明が効を奏したと考えるべきであろう。

その対極に位置するのが、広東省における初動の大幅な遅れになる。広東省でのSARS蔓延の情報は、一月には北京の指導部にも伝わっていたと言われるが、この段階でも患者数や流行地域にかんする正確な情報は開示されず、最初の記者会見が開かれたのは二月一一日であった。この時に公表された数字も、低く抑えられたもので、メディア規制が強く働いていたことをうかがわせる。感染源と流行地域に密接しながら一人に抑えたマカオと、両方で七〇〇〇人を超す中国・香港との違いを、初動だけで説明することはできない。日本と同じように感染者が訪れるのがたまたま遅れた分、時間がかせげたという「運」も少なからず働いている。だが少なくとも情報開示において、中国とのあいだに大きな差があったことは認めなければならないはずである。

情報の管理という観点から見た場合、SARSの事例はいくつもの重要な論点を含んでいるように思われる。たとえばウイルスをメタファーとして考えると、潜伏期間という感染症における現象を、情報社会の行動概念へと役立てることもできるだろう。新型の感染症の発生が確認されていたにもかかわらず、それを世界中へ拡大させてしまったのは、報告を得ていながら、それを潜伏させてしまった政治的判断にあるとも言えるからである。

情報社会の疫学

人類学者ダン・スペルベルは、「文化への自然主義的アプローチ」と呼ぶ独自の文化論のなかで、「表象の疫学」なるモデルを提示している。[3] 人間の身体が病気の影響を受けることと、人間の心が文化的表象に影響されることのあいだにアナロジーを見出すならば、たとえばある種の表象が他の表象よりも支配的で成功をおさめる場合、「なぜ感染力が強いのか」と問うことができる。たとえばある病気は空間的に拡がるだけでなく、世代間を経て垂直的に伝わる。同じように、ある表象は地理的に広範囲に伝わるだけでなく、世代を超え、ついには「伝統」と呼ばれるような安定性を獲得することもある。都市文化に特有の表象のなかには、「流行」すなわち伝染病のように出現し、消滅するものもある。「伝染」「流行」という言葉から知られるように、スペルベルの「表象の疫学」は、日常的にごく普通のメタファーを含んでいる。

ただそこには重要な違いがある。病気の感染がごく限られた変異を伴いながら伝染してゆくのとは違い、表象の伝染はほとんどの場合、変形を受けながら起こる。表象の伝染は、ウイルスが行なうような複製によるものではなく、変形を伴った思考の再構成を通して起こるからである。人間の記憶のメカニズムと、生物学的な複製とのあいだにある、根本的な違いと言ってもよい。たとえばアビ・ヴァールブルグが研究したような、ある形態の社会的な記憶は、伝染のメタファーのみで説明しうるものではない。特定の表象が支配的になる場合、そこにはしばしば何らかの制度が介在している。スペルベルの用いる疫学のメタファーにとって、そのような「制度」とは何なのかは必ずしも明らかではない。

このようにスペルベルの「表象の疫学」は操作概念としてはやや粗いものの、現代の情報社会のように、短期間のうちに支配的になる表象については、ひとつのアプローチを提供できるように思われる。ウイルスが宿主を介して増殖し、宿主の行動が、比較的短期間のうちに社会全体に大規模な影響を引き起こすという現象を疫学的モデルとしよう。わたしたちは、SARSの流行とほぼ時を同じくして、表象のレベルでそのような現象を経験している。それはイラク戦争前後における、メディアを通じた参戦へのプロパガンダである。その権力機構の内部にはたらいている力の解明は、おそらく病原体の解明以上に難しい。しかしそれ自体増殖することがないが、生きた細胞へ侵入すると、複製をはじめ増殖することのできるというウイルスの特性は、あまりによく、権力機構の仕組みにあてはまる。たとえば官僚制を成立させている「命令」はウイルスのように機能する。ひとつの命令は、次の命令を複製し、さらに次の命令を複製しながら、命令系統をつくっている。支配的メディアにおける、特定の表象の複製についても、同じことが当てはまる。これは非常に簡単な例ではあるが、疫学的モデルを利用してできるひとつのアプローチかもしれない。

言うまでもなく、すべての疫病がそうであるように、この現象は生物学的であると同時に社会的である。疫病の発生とその拡大そして終息にいたる過程は、医療体制をはじめとする多くのチャンネルを通じて、それが起きた社会における経済と政治のシステムとつながっている。SARSがグローバル化時代の疫病と言われるのは、それが短期間に五大陸へ拡大したからだけではないだろう。トロントでの流行と終息そして再流行の事例が示しているように、SARSは同じような医療体制をもった、同じような都市ならば、どこででも起きうるという意味でのグローバルな性格をもっているからである。

表象という意味では、ヨーロッパや日本では、当初SARS流行の環境を「人獣同居」の低開発のせいにする見方が現われたことも気にかかる。これは人獣共通感染症の意味を曲解したものにすぎない。深圳と香港とトロントのあいだに差異を探しても、原因の究明には役に立たないだろう。SARSは飛沫によって感染する。このことが群衆を大量に輸送する都市において、急速な拡大を招いたことは間違いない。

ホテル・空港・駅・地下鉄・学校・ショッピングモール……どの感染経路をとってみても、その場所固有の性格をもたないところばかりである。フランスの人類学者マルク・オジェが「非・場所」と呼ぶ、大量移動と大量消費にのみ性格づけられた、地球上どこにでもある場所である。[4] グローバル経済に大きな打撃を与えたのも、大量移動と大量消費に直接響いたからである。さらにそのような非・場所を通じて流通する商品生産の鍵を握っている「世界の工場」が発生源であることも忘れるわけにはいかない。

おそらくＳＡＲＳが残す最大の教訓のひとつは、ひとにぎりの官僚によって、高度情報化社会においても情報の偏在が、大きな犠牲を出しうるという事実だろう。そのいっぽう、インターネットを通じてつくられた研究者のネットワークによって、わずか一ヶ月で病原になったウイルスが同定されたことも事実であり、ＳＡＲＳは情報の開示をめぐって明と暗両方を見せたことになる。

もうひとつは、都市群衆の脆さである。ＳＡＲＳの被害がもっとも大きかった香港、台北、トロントはいずれも高度に情報化した都市であり、人々はさまざまなコミュニケーションツールを日常的に使用している。どこにいてもつながるという、遠隔技術の最先端を享受している都市が、飛沫によって感染する病に襲われた。遠隔技術によって動いている都市における飛沫感染による大量感染が示すのは、現代都市が抱えている近接性のパラドクスであろう。遠隔技術が社会に浸透しても、都市群衆はあいかわらず存在する。それは遠隔通信により、さまざまな表象を自由にやりとりできる、近くにいながら遠くともつながっているという意味での二重の群衆である。群衆のモビリティはこれらの情報通信技術によって日増しに高くなるが、そのモビリティをウイルスが襲う。このとき都市群衆は突然「宿主の群衆」に変身し、またたくまに地球全体を覆ってしまう。

おそらくこれが二〇〇三年の疫病が、中世のペストの流行や二〇世紀のスペイン風邪の流行と異なる最大の点だろう。

明日の人類は、情報のように感染する。そこに逃げ場はない。本物のウイルスはコンピュータ―ウイルスなどと比較にならぬほど手強く、狡猾で、いつ何時、再発生するか分からないのだが、この地球をすみずみまで都市化し、情報化してしまったわたしたちには、もはや逃げる場所はどこにも残されていないのである。

引用参考文献

1　山内一也『エマージングウイルスの世紀――人獣共通感染症の恐怖を超えて』河出書房新社、一九九七年
2　「SARS封じた初動策」朝日新聞、六月一一日付記事
3　ダン・スペルベル『表象は感染する――文化への自然主義的アプローチ』菅野盾樹訳、新曜社、二〇〇一年
4　マルク・オジェ『同時代世界の人類学』森山工訳、藤原書店、二〇〇二年

擬似群衆の時代

群衆は待っている……

街角で見かける大型スクリーン、いわゆる街頭ビジョンが新宿駅東口に現れたのは、一九八〇年代のはじめだった。アルタの名で通っているビルの壁面に映し出される映像は、当初白熱電球によるものだったが、それでも東口駅前に群衆が絶えなかったのは、万博などの催し以外で本格的に設置された最初の例のひとつだったからだろう。巨大白黒テレビという趣きのスクリーンを、すぐにアートとして取り入れたのがビデオアーティストのビル・ヴィオラだったことはよく知られている。

それから三〇年近く経過した現在、わたしたちの都市にはさらに大型のスクリーンが氾濫することになった。たとえばマンハッタンのタイムズスクエア周辺のビルは、その壁面のほとんどがスクリーンと化している。そこではケーブルテレビ局が建物全体を覆う曲面スクリーンに四六時中ニュースを流しており、広場の反対側では同じように広告が流されている。

これだけの大きさになると建物に画面が取り付けられているというより、画面の一部が建物になっていると言ったほうが近いかもしれない。

建築物が映像装置と一体化する現状は、おそらく今日の建築の方向性と矛盾するものではないだろう。設計段階ですでにコンピューター・グラフィックスとして映像化される建築は、紙に描かれていた時代とは大きく異なる様相をしている。ひところ透明性の高い建築が流行したのも束の間、複雑な構造計算が可能な高速演算装置のおかげで、新しい建築はますます映像のような自由度をもち、わたしたちを驚かせる。そこでは二次元と三次元が相互に浸透しあい、ある場合には建物そのものを消し去り、流動する映像体としての構築物として存在する。その裏にLEDをはじめとした新しい光の技術や、膨大な量のスイッチをリアルタイムに動かす高度な制御装置の完成があることは言うまでもない。

仮にこれを「映像建築」と呼ぶならば、近い未来にはさらに驚くべきことが待っているだろう。現在は孤立している映像建築が相互につながることによって、遠く離れた建築同士が映像を交換したり、あるいは共有することが可能になる。そこには高速道路や自動車も含まれる。宇宙に視点を置けば、それはひとつの巨大映像装置すなわち「ピクチャープラネット」に見えるだろう。広場の群衆を照らすのは、手元の携帯と映像建築の眩しい光である。

ここで時代を二世紀ばかりさかのぼってみよう。ヨーロッパで写真が発明されたのは一九世紀の前半だが、その発明直後から複製メディアとして大きな成功を収めたのは、まさしくそれが大衆社会の到来に重なっていたからである。それ以来レンズは多くの人間の集団を写してきた。人間は生まれてから死ぬまで、その人生の節目ごとに写真に撮られてきた。家族写真にはじまり、学校や会社、あるいは村や町などの祭りや年中行事には必ず記念写真が付き物であり、集団はイメージによって記録されてきた。

一九世紀後半には南北戦争やクリミア戦争にも写真家が駆けつけて、写真が報道の分野に大きな一歩を踏み出してゆく。おそらく人類は、この一七〇年にかぎってみても、それ以前に生産されたイメージよりも多くの映像を残してきただろう。わたしたちが一日のあいだに目にすることの映像の量が、中世に生きた人間が一生のあいだに出会う絵の量をはるかに超えているとしても、なんら不思議はない。

時代が動くとき、それはしばしば大きな群衆現象を伴う。一九八九年の秋から冬にかけて、旧ソ連と東ヨーロッパで起きた一連の革命は、日増しに大きくなるデモや集会が雪崩のようにして、当時の政権を倒していった。わたし自身それらのデモや集会、あるいはその後に続く内戦などを見つめてきたが、二一世紀も最初の一〇年を過ぎようとするいま、時代を動かしてゆく群衆のあり方が、すこし変わってきているようにみえる。その変化は当然、社会の変化と連携しているはずである。

少なくともベルリンの壁が崩壊するまで、群衆現象はマスメディアと切り離すことの出来ない関係にあった。権力は群衆のなかから生まれ、また群衆は権力との緊張関係のなかに存在するが、その関係をとりもつものとしてマスメディアが、大きな影響力をもってきたことはあらためていうまでもない。その役割自体にそれほどの変化はないが、個人の側から見ると、わたしたちが現在手にしている新しい種類のメディアには驚くべきものがある。言うまでもなく、小型の情報通信端末と、それに向けたさまざまなサービスである。メディアの小型化と複合化とともに、情報の配信技術も高度化し、映像や音楽をいつでもどこでも受信するだけでなく、個人がさまざまな情報を配信することも日常的な活動となっている。

この変化の特徴のひとつは、メディアが家や家庭といった、特定の場所に固定されることから完全に解放された点にある。モバイルという言葉が端的に示しているように、受信と発信の核となる移動型のパーソナルメディアが爆発的に拡大している。その一方で、超小型化したコンピューターが、人間社会のいたるところに入り込み、いまやわたしたちは朝目覚めてから夜寝るまで、いや寝ているあいだでさえ、コンピューターの存在から逃れることはできない。電子マネーを例にとるまでもなく、情報化社会は人間の社会活動のすべてがコンピューターを介して執り行われる方向へと、つき進んでいる。

そのことがもたらす効率や安全の旗印と引き換えに、わたしたちが非常に厳しい管理と監視の社会に生きなければならないことも、なかば事実である。情報管理が行き届いた現在は、二〇世紀の群衆がマスメディアと取り持っていた関係とは、質的に違う状態へ入りつつあることは、誰もが肌で感じていることではないだろうか。ポスト産業化社会ならぬ、ポスト情報化社会に、この地球全体が入りつつあることを、群衆を眺めてきた者のひとりとして実感するのだ。そしてこのことが今日の群衆に、新たな性格を与え始めているように思える。それは互いに関係している、ふたつの増大によって特徴づけられる。

そのひとつは、擬似群衆の増大と呼ぶことができるだろう。インターネット上に形成されている、さまざまなコミュニティを想像すると分かりやすいかもしれない。Twitter のように言葉を介している場合もあれば、オンラインゲームのようにアクションの共有によって形成されている群衆もある。あるいは登録している数が数百万という、仮想の都市「セカンドライフ」。すでに各国の企業が出資しているばかりでなく、セカンドライフ上にギャラリーや美術館をオープンするアーティストも出てきている。

こうした、実空間では互いに隔離されているのに、情報空間では互いに影響を与えられる具体的な関係をもっている擬似的な群衆が、実在の群衆を凌駕してしまうという現実である。これはお茶の間でテレビの前に座っているあいだに形成されている、視聴者という名の群衆とは明らかに異なる性格のものだ。それは物理的な建築を必要としない、新しい都市であり、どこにも場所をもたないが、あらゆるところに存在しているとも言える空間である。わたしたちが生きる都市とは、この空間と絶え間のないイメージ交換によって成立している。

もうひとつは、非決定性の増大と仮に呼ぶことができるだろう。かつてなかったほどの多くの情報チャンネルをもった個人は、意思の決定を先延ばしにする傾向がある。それは必ずしも、待ち合わせの場所をあらかじめ決めないというような、単なる習慣の変化ではない。残されている時間があるかぎり、より多くの情報を手にしつつ、最後の瞬間まで心を決めない。決定しない群衆が、購買から投票までさまざまな局面において、影響を増してゆくのではないか。たとえば選挙にかんするアンケートで「分からない」と回答する比率が多いとき、必ずしもそれは消極的な意見を表しているのではないのかもしれない。それこそが擬似群衆に特有の態度であるかもしれない。

このような特徴を潜在させてレンズの前にたち現れる人間たちは、かつてとは違った装いをしているのだろうか。歴史上さまざまな群衆が記録されてきたが、ポスト情報化社会を形成する最大の群衆は、目に見えないのではないか。それをひとことで表すならば、「待機する群衆」ではないかと思う。都市だけではない。地球上のどこにいても、情報システムをつうじてつながっている群衆は、常に何かを待っている。たとえば労働の場において、非正規社員や移民労働者の不当解雇が世界規模の問題となっているが、それは見方を変えると、常に待機することを余儀なくされる人々が爆発的に増大しているということではないかと思うのである。

彼女や彼は、掌の小さな画面を見つめながら、何かを待っている。待つ群衆がいかなる力を潜在させているのか、それが見えてくるかどうかは、芸術にとっても政治にとっても、無視のできないテーマになるであろう。

見えない家具の芸術

釜山ビエンナーレ「リビング・ファニチャー」展のために

家具は、家が作られる以前から、人間たちの身の回りにあった。岩陰や洞窟といった原初の住まいが自然によって与えられたのにたいし、家具は道具とともに、人間の手によって作られねばならなかったからである。最初の家具はおそらく道具の延長であっただろう。人類は自然を利用して多くのものを作り出したが、その始まりの時代、旧石器時代の数万年には、おそらく家を建てるよりも、道具や家具を作ることのほうにより多くの時間をかけてきたと思われる。

最初の家具は何だろうか。動物や植物を材料にした遺物が、ほとんど痕跡を残していないので分からないが、洞窟壁画で有名なラスコー洞窟からは、石製のランプが見つかっている。最初期の芸術家たちは丸い部分の窪みに獣脂を入れて燃やし、取手の部分をもって洞窟内を照らしたのである。

小さなフライパンのようなかたちをしているこのランプには、家具がもつ、いくつかの機能を見つけることができる。まず中央の窪みは容器の役割をしている。食べ物や水を入れる器、器をのせるテーブル、身体を支える椅子など、容器としての機能である。次に取手の部分は物体を保持する機能である。モノの突起した部分は、取り付けたり、吊るしたり、引っ掛けたりする機能として使われる。最後は火を灯し、周囲を照らす照明としての機能である。

わたしたちの身の回りにある家具を位相幾何学的に、あるいは機能的に変形してみると、以上のようないくつかの単純な形態に分類できるが、この観点からするとラスコーのランプのデザインは、一万年以上前のものとはいえ、今日の家具とその本質は変わらないと言える。

これを芸術と家具との最初の関係とすると、その始まりは機能的関係であった。もし二度目の始まりというものがあるとすれば、それは非機能的なものと言えるかもしれない。洞窟のランプが誰によって制作されたのか、わたしたちは知る由もないが、二度目の始まりの場合はおよそのことが分かっている。ひとり名前をあげるとすれば、椅子に自転車の車輪を取りつけた男になるだろうか。場所はパリ、名はマルセル・デュシャンである。一九一〇年代を通してデュシャンはレディメイドと呼ばれることになる、一連の作品を制作しているが、その多くは家具あるいは家庭用の道具であった。壜乾燥器、帽子掛け、男性用便器。言うまでもないことであるが、それらはデパートの家庭用品売り場や家具売り場で見つかる大量生産品であり、デュシャンによって「作品」になった後も、それらはレプリカが可能なものであった。

デュシャンは後年、それらのオブジェが美学的に選ばれたのではないこと、さらにレプリカされる製品である点において、シュルレアリスム的な「オブジェ・トゥルヴェ」(偶然発見されたモノ)とははっきり異なると語っている。使用価値を剥奪されたそれらの家具は、もはや本来の機能を発揮することなく、ただ見られるためだけに存在している。芸術と家具は非機能的というよりは脱機能的な関係に置かれたというべきかも知れない。その意味でデュシャンは、機能を剥奪しながらデザインを行った、最初のデザイナーであるとも言えよう。

それらを「見られるという機能をもつ家具」として見ることもできるが、そうするとさまざまな疑問がわいてくる。たとえば最初のレディメイド作品である『自転車の輪』の白い椅子は、台座なのだろうか、それとも作品の一部なのだろうか。家具は台座になりうるし、その逆も可能である。台座や額縁やそれを掛けるフックも含め、器や保持の機能を家具のなかに含めてゆくと、そこから多種多様な芸術と家具の歴史が見えてくる。それを語ろうとすれば、芸術とデザインに関する何十巻にも及ぶ書物となるだろう。

時代や形態の面だけでなく、そのコンセプトにおいて大きく隔たってはいるが、ランプも壜乾燥器も、その時代における、住まうことの総体がそれらのかたちを生み出した。この展

上：釜山ビエンナーレ「リビング・ファニチャー」展特設会場（2006 年）
下：リビングルーム fuwapika に座る釜山市長

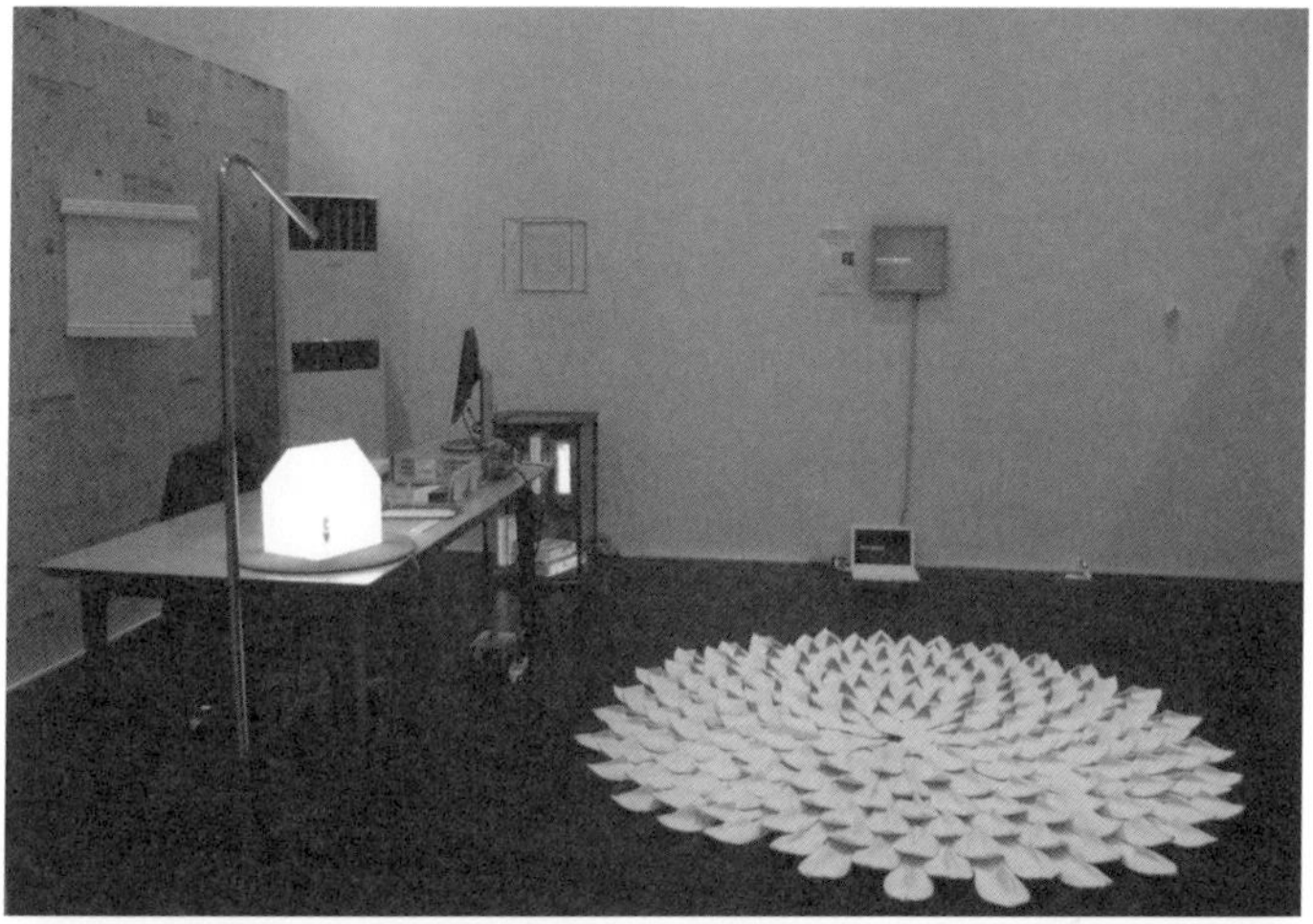

上：書斎 mediator,typographic, particle
下左：子供部屋 RGBy　　下右：寝室 TYPE TIME と rocking hanger

覧会「リビング・ファニチャー」展のキュレーションに参加しながら、わたしは以上のような芸術と家具の関係を念頭におき、今日の社会的条件や技術的条件が、モノのかたちにどのように現れているかに興味をもった。そこから見えてきたのは、住まうことの見えない次元や家具の非物質化、そしてインタラクションと記憶の問題である。

記憶のブリコラージュ

人間にそれぞれ異なる履歴があるように、家具にもさまざまな来歴がある。わたしたちの生活を形作る家具の多くは製品として購入されるものである。デュシャンも最初の壜乾燥器をパリのデパートで購入した。しかし売買という経済関係を経ないでやってくるものも少なくない。友人からプレゼントされたものや親から引き継いだもののように、贈与や相続という関係も家具にとっては重要である。現代都市では路上に廃棄されている家具も多く、それらの拾得も、来歴のうちに入るだろう。こうした関係は、あらゆる財貨に認めることができるが、こと家具に関してはこれら以外の、いわば第五の関係がある。それが制作である。もともと道具も家具も、それを使う人が自分で作るのが本来であり、初期の社会ではそうであっただろう。わたしたちはそれぞれ違う身体をしているからであるし、成長するにしたがって身体の大きさや身体能力は変化する。だから自分の身体や癖にあった大きさや強度に作るのが、いちばんよい。わたしたちが家具と呼んでいるのは、実は都市が生まれ、社会が専門分化し、同じ形の生産物を使うようになってからのモノであり、それ以前にあった身体と家具との関係とは異なっている。その意味では、たとえば週末を利用して自前のテーブルや本棚を作る今日の日曜大工は、それはかつての身体と家具との直接的な結びつきを取り戻そうとする行為かもしれない。

デュシャンを例にとるまでもなく、「家具」の側から眺めるとアートかデザインかという二項対立的な関係は意味をなさない。ここでは領域を超えて表現している作家を取り上げて、「住まうこと」の現在を考えてみたい。たとえば「ザ・ヴィークル」や東恩納裕一のように、作品としてのリビングルームを作ってしまうような作家にとって、そもそもアートとデザインのあいだに境界などないだろう。

吉田剛と川原美紀による「ザ・ヴィークル」は、その活動の初期から家具の概念を問い直し、それを拡張し、都市空間のなかへ展開するというユニークな活動を行ってきた。たとえば大量生産品としての家電をすっぽりと包み込むケースとしての家具がある。テレビを収納するテレビケース、冷蔵庫を収納する冷蔵庫ケースであるがそれらのケースは、いずれも時代を遡る「レトロ」デザインである。家具にはその機能とは別に、スタイルという記憶がある。ヴィークルの作品群は、いずれも一種の記憶装置としての家具概念であろう。ふたつの出品作はどちらも、女性と男性の関係の記憶を感じさせる。Cupful of hollow ではテーブルにおかれたコーヒーカップのなかに、かつてそこにいたはずの女性の仕草が浮かび上がる。That's the story of him/her life は、映画スクリーンのサイズをした鏡である。それは映画字幕入りの鏡であり、その前に立つ誰もが、その台詞を口にしている俳優になってしまう。ヴィークルの作品には、生活空間のなかに映画のワンシーンを呼び込むような仕掛けが隠されているのである。

東恩納裕一の作品には、現代のインテリアに対する冷徹な視線が漂う。それはハイパー資本主義社会の装いにたいするアイロニカルな表現とも取れるが、一歩近寄ってみると、そこにはありふれた素材を使って予期しないような美を生み出す詩的な直観が働いていることが分かる。出品作 untitled (chanclier ch.-V) は日本独特の丸型蛍光灯を組み合わせた、ネオン管によるシャンデリアである。その常軌を逸した形態はバロック的ブリコラージュと呼びたくなるが、これまで現代芸術のネオン管作品には見られなかった、笑いの感覚も感じる。おそらく重要なのは、この笑いの感覚であろう。それは製品を支えている社会関係を脱臼させ、モノとして宙吊りにするからである。フランス語で日曜大工や器用仕事を意味する「ブリコラージュ」は、人類学者クロード・レヴィ=ストロースが展開したあまりに有名な概念であるが、蛍光灯のようなありふれた製品の組み合わせから、思いも寄らないかたちを作り出す感覚にも、普遍的な「野生の思考」は生きているように思えるのである。

古い家具にはさまざまな痕跡が残っている。木の表面についた傷、布の綻び、隅にたまった埃。箪笥の引き出しや扉の内側から古い写真が見つかって、遠い時間に引き戻されることもある……三田村美土里の作品 Private Room と Permanent Room には、そうした失われた時間が貼り付いているように思える。家のなかから放射される白い光のなかに、家族が佇んでいる。四角いマットレスの表面から子どもたちがこちらを見つめている。それは家具とともに生きられた時間の痕跡に見える。かつてそこにいた人々が、傷も埃もないプラスチックな表面に浮かび上がるとき、まるで記憶が白い霧のなかにあるかのように、家具はひとつの、手に届かない場所となる。

インテリアのリズム

家のなかには、複数のリズムがある。リズムをつくりだすモノはいろいろあるが、その中心にあるのは、時計であろう。時計が家のなかに入ってきたのは、いつのことであろうか。時を告げるのは戸外から聞こえる鳥の鳴き声であり、太陽がつくる影であり、そして鐘の音だった。いつしか時計は家具の一部となり、振り子がつくる一定のリズムが静かに家のなかに響くようになる。おそらく多くの社会において、家のなかに出現した最初の機械は、振り子と歯車だったのではないだろうか。居間に置かれた大きな時計は、ときに世代を超えて家族を見守る存在となった。

松山信也と鍋島久和のコラボレーション作品TYPE TIMEは、ふだんわたしたちが時計との間に持っている無意識の関係を見せてくれる。この時計は、スタンプして初めて、「今」の時刻が知らされる。わたしたちが見るのは振り子や針や液晶の点滅といった「動き」としての時ではなく、刻印される時である。いったん刻印された「今」はたちまち過去になってゆくのだが、印字は手元に残る。情報化社会においては、パーキングメーターからスーパーストアの領収書まで、わたしたちがたとえ望まなくても、時は印字されているのだが、わたしたちはそのことを意識することはない。この作品は、そうした情報社会のなかでの受動性を逆転してみせる。時を知るには、能動的に刻印しなければならない。だから手元に残った時刻が、その時に何をしていたのかを想起させる、時の記号になるのである。

キリスト教文化においても仏教文化においても、時は鐘の音によって伝えられてきた。特に仏教寺院の釣鐘の音は、長く続く減衰をつうじて、アジアの自然のなかに独特のサウンドスケープを作ってきた。室内時計もまた、内部に楽器をもっている。鐘はもちろん、オルゴール時計やハト時計など、楽器のさまざまな要素が時刻を告げるのに使われてきた。時計には、家具と楽器が結合している。根津孝太がつくりだすデザインは、そのような歴史の延長のうえに出現した、新しいタイプの家具であろう。Jelly Fishと名づけられたこの椅子は、揺らしたり叩いたりするとリズムをつくりだされ、それが目に見える形で投影される。座ると椅子の真下に小さな池が出現し、波紋が広がるのである。水が張られた太鼓に座っているような愉快な気分になってくる。

わたしたちが住んでいる家のインテリアのほとんどは、デザインの歴史のなかから出現したもので、芸術の歴史のなかから出てきたものではない。もちろんカーテンや壁紙のデザイン、椅子やテーブルのデザインを芸術家が行った例は多いが、芸術家がオブジェそのものをつくりだし、それがインテリアのなかに取り入れられている例はほとんどない。それらのなかで、ごく例外的に二〇世紀の芸術がつくりだしたデザインがある。そのひとつがモビールである。

よく知られるように、アレクサンダー・カルダーが針金の可動部分を組み合わせ、錘としての板の微妙な釣り合いのなかから自動的に動く「彫刻」を作ったのは一九三〇年代のはじめであった。伊賀陽祐の「1:149,600,000,000」はこの原理を応用して、光のインテリアを作り出す。ただしわたしたちが見るのは、木や金属でできた板の動きではなく、部屋のなかに生まれては消える虹である。太陽の光を光源とし、雨粒のかわりに小さなクリスタルを利用して作り出される大小の虹。また伊賀は太陽エネルギーを、モビールを動かす動力にも利用する。かつてカルダーは、モビールを作り出すとき、「空間のなかに宙吊りになって動いているもの」のモデルとして、天体から大きな影響を受けたと語っている。デュシャンが名づけた「モビール」を、太陽光エネルギーを用いて拡張した伊賀の作品を見ていると、わたしが住んでいる地球という場所が、「太陽系の家」であることに気づかされるのである。

情報家具の時代

家庭用電化製品のデザインのなかには、「家具調」というカテゴリーがある。テレビやオーディオなど、リビングに登場した家電を、伝統的な家具と調和させる目的で登場したのだろう。電気の登場によって家具のかたちと機能は、必ずしも一致する必要がなくなる。かたちは機能から、機能はかたちからそれぞれ解放されることになり、見かけからは予想のつかない機能をもった家具が登場することになる。この方向への家具の進化を大きく推進するものとしてセンサーやコンピューターを内蔵した家具が出現している。

松山信也はアーティストとして活動する一方、卓越したプログラマーとして多方面でのプロジェクトに参加している。今回も鍋島とのコラボレーションによるTYPE TIME、平原真の協同によるRGBy desk、八木澤優記との協同によるfuwapicaと、いずれも独創的な機能をもった作品となっている。

平原真＋松山信也のRGByはモノの色を採取し発光するという、面白い装置である。色の捕獲器であるとともに、色を記憶し表示する装置でもある。わたしたちの日常感覚における色の記憶は、言葉に強い影響を受けている。たいていは「色の名前」というカテゴリーによって記憶しているので、微妙なニュアンスを言葉をつうじて再現するのは難しい。RGByは、色のニュアンスをそのまま記録し伝達する装置である。その発展形として今回発表しているRGBy deskは、モノの色に反応し、その色に光る机である。驚いたことに、二色の違う色が隣接するときは、その混合色が反映される。

fuwapicaは、座ると色が変化する椅子である。圧力が変わると、それに応じて色の強さや色調が変化し、座った人や姿勢によってさまざまな表情を見せる。従来の椅子のデザインが「フワ」という、心地よい形態に完結していたとすれば、「ピカ」という光の変化が示しているのは、家具における新たな領域、すなわちインタラクションである。特に今回の展示でわたしたちが注目したのは、ＬＥＤの新しい使い方だ。以前はインジケーターに使用される程度であったＬＥＤは近年の技術改良によって、フルカラーを表示する超大型スクリーンを登場させるまでになった。アーティストたちはこれを利用して、インテリアの領域に新しい光のデザインをもたらしているのである。

これらのアーティストたちが模索しているインタラクティヴな家具は、単に美しさや楽しさだけを提供するものではない。インタラクションの可能性は言葉が示すとおり、モノとヒトとの関係性の段階で、もっとも興味深い探求が開かれているからである。ここではRGBy deskのように何かを記憶したり、fuwapicaのように光によって反応することによって、対話する能力を備えた家具という概念が生まれている。いわゆるロボットとは異なる、機械と人間の関係もありうるということを暗示しているのではないだろうか。

さて自動開閉ドアに代表されるようなインタラクションは二〇世紀都市のいたるところに組み込まれてきたが、今日の家においてインタラクティヴな技術が投入されている分野のなかで、わたしがもっとも興味をもっているのはホームセキュリティである。周知のようにセキュリティに関係する分野は非常に幅が広い。暗号から生体認証まで、異なる分野で積み重ねられてきた技術が総合されているのがセキュリティであり、今日では情報通信技術によってすべてが新たな段階へと進もうとしている。こうしたセキュリティ技術が描こうとしている未来は最近のSF映画を見るまでもなく、自由を担保にして安全を手に入れるような、息苦しい世界である。そしてわたしたちの住む都市には、いたるところに監視カメラが仕掛けられ、息苦しさが未来の話ではなく、いまそこにある現実となっている。

久世祥三が今回の展覧会のために制作した新作Clip+Signは、こうしたホームセキュリティの現状にたいする、柔らかい応答としてとらえることができる。一見するとどこにでもある書類クリップであるが、このクリップは人間が近づくと反応して柔らかく光る。このまま書斎やオフィスで使える実用性をもっているが、意外にこうした道具は、身の回りに発見することができない。「ありそうでない」のは、今日開発されているセキュリティ装置がおしなべて、人間への不信を基本にすえているからではないかと思う。久世の作品がセキュリティ技術の核にあるセンサーを利用しながら、威圧的になることなく、生活空間に溶け込むかたちをしているのは、クリップという、わたしたちが意識しないほど日常化している道具に組み込んでいるせいであろう。クリップは、紙が落ちないように、しかも紙を傷つけることなく挟んでおく道具である。同じようにセキュリティも、このクリップ程度の「柔らかさ」にとどめておくことはできないだろうか。この作品は、すでに全世界で巨大な市場となっているセキュリティにたいする、アーティストからの問いかけともなっている。

ネットのなかの家（ホーム）

およそわたしたちの時代ほど、リビングルームの風景が変化した時代もないのではないだろうか。生まれて物心がついた頃には、居間にはテレビがあった。八〇年代以降になると、それにテレビゲームが加わり、九〇年代以降になるとパソコンが登場する。それから一〇年もしないうちに、一家に一台だったコンピューターはひとり一台になる。この間に電話にはファックスが加わり、一家に一台の固定電話の時代からひとり一台の携帯電話の時代になった。電波や回線をつうじたコミュニケーションの単位が「家」から「個人」になったわけである。これらの情報家電がおかれる場所が、家のなかでどのように変わってきたかは、それ自体興味ぶかいテーマである。

いずれにしてもその結果、わたしたちは、ふたつの家に住むようになった。ひとつは物理的な建築によって与えられた、住まう場所としての家。もうひとつはネットワークが形成する、情報の家である。後者の家は物理的な場所をもたず、目にも見えない。インターネット上の場所に、はからずも「ホームページ」という言葉が使われたことが象徴しているように、今日の情報社会は何十億という見えないホームによって形成されている。

末綱久美子はインターネットをつうじて伝えられるニュースを素材にしたインタラクティヴ作品をつくってきた。いっぽう大畑さやかはセキュリティ・システムがもたらす心理的圧迫をテーマにしたインスタレーションを発表している。今回このふたりが「リビング・ファニチャー」のために特別に制作した作品は、見えない家のための表札である。表札は文字通り、その家に誰が住んでいるのかを名前によって示すための、表に掲げられている札である。家のいちばん外側にある記号であるとともに、それは家の外と内の境界を示す機能をもった家具である。さてそれでは、この表札は、見えない家においても使うことはできるだろうか。

ネットワークのなかに住んでいる人間の名前は、必ずしも本名である必要はない。「ハンドル・ネーム」という言葉が示すように、ある関係のなかでだけ通用するニックネームを使うことが日常的になった世界で、住人は複数の表札を使い分けながら生活している。この作品ではインターネットを通じて、誰もが「リビング・ファニチャー」の表札を作ることができる。展覧会の期間中なら誰もが、見えない家の住人として表札を掲げることができるのである。情報社会における「住むこと」の意味を問い直す作品であるとも言えよう。

情報の家において変わるのは、表札だけではない。家の外と内とをつなぐ家具としての、郵便受けもそうである。パソコンが家にあるうちは、電子メールを受け取る場所は家ですと言う人もいたかもしれないが、携帯電話によるメールの送受信が一般化した現在では、もうそうした意識はないだろう。郵便受けは情報の家にあるのであり、受け取る人がどこにいるかはもはや問題ではない。

前川峻志の作品 Particle Typography+Mail は、このような時代のメッセージのあり方に、新しい提案をしている。スクリーンには無数の泡が浮かんでいる。誰かがメールを送ってくると、泡が文字を形成してそのメッセージを表示する。あたかも水の分子が結晶し、雨の手紙となって一瞬空に浮かぶような、詩的な光景である。この郵便受けは、手紙を受け取るだけでなく、手紙を美しく読むための装置となっている。

デュシャン以降の現代芸術において、コミュニケーションの未来を鋭く見通していたのがナム・ジュン・パイクであることは言うをまたない。ビデオアートに新しい地平を拓き、いちはやく衛星を通じたパフォーマンスを行ったパイクが、テレビの家具としての性格を誰よりも正確に把握していたことは重要である。テレビはそこに映るビデオ信号だけでなく、受像機を構成している物質でもできていること、そのテレビジョンという形式が知覚を刺激していることを、多くの作品をつうじて表してきた。パイクの芸術はビデオアートとテレビアートとに分けて考えることもできよう。

渡邊朋也の作品IAMTVTUNERINTERFACEは、テレビアートの最前線を見せている。その時点で放映中のテレビ番組が時系列にそって表示されるのだが、そこには「視聴率」というきわめて現代的な数字のフィルターが介在している。視聴率とは、「テレビを見ること」に反映される潜在的な購買力にほかならない。人間の知覚を経済行動に変換するこの考え方は、二〇世紀が生んだひとつの思想であろう。視聴率の高さに応じて、あたかも株価を示すグラフのように表示されてゆくテレビ番組を見ていると、刻々と変わる気象情報を見ているような気分になってくる。渡邊はテレビ電波全体をひとつの環境としてとらえ、インターネットを通じて得られる情報を解析格子として使用しながら、リアルタイムのテレビ気象図をつくろうとしているのだろうか。その様子は、延々とつづいてゆく、電波の絵巻物語のようでもある。

未来の家の匂い

複数のセンサーによって健康状態を知らせてくれる椅子。足りない食材を感知して、携帯電話に知らせてくれる冷蔵庫。ホームセキュリティの未来が描き出すように、いまや家のなかにあるあらゆる家具が回線につながれ、コミュニケーションメディアとなる可能性をもっている。ますます情報通信への依存度を深める現代にあって、わたしたちはもういちど「家における芸術」としての家具について想いおこす必要があるだろう。

ユニークな靴をつくるアーティストの石井陽子は、スリッパというありふれたモノをまったく別のかたちに変えてしまう。スリッパはたがいに脱着可能になっておりそれらが合わさって、花のかたちをつくるようになっている。理論的には、この白い花びらになったスリッパは無限に拡がってゆくことができる。それは見えない人たちが、内側から外側にむかって歩き出しているようにも見える。東アジアの風景のなかでは、釈迦のすわる蓮の花を連想することもあるかもしれない。Mediatorというタイトルは、日常のなかにある別の次元へのステップを示しているように思える。

熊倉晴子の作品もまた、日常のなかの見えない次元について考えさせる。SOAPSのタイトル通り、素材はありふれているという意味では、これほどありふれているものもない石鹼である。熊倉はこの石鹼を手作りで三六五個作り上げ、ひとつひとつに一年間の日付を刻印した。同じ形のものが続いてゆくという意味では石井の作品にも通じるが、石鹼という物質が別の性格を与えている。それは浄化と消耗という、ふたつの状態である。わたしたちの生活がいかに電子化され情報化されようとも、ある場所に身体をもって住むことは、このふたつの状態を通過せざるを得ない。生活における恒常性は、常に浄化を要求する。そして浄化のためのエネルギーは、必ず何かを消耗する。石鹼に刻印された日付は単なる記号ではなく、浄化と消耗のあいだに消えてゆく時間そのものかもしれない。どんな時計よりもゆっくりと、しかし確実に泡となってゆくその時間は、洗ったあとに微かな匂いを残す石鹼のように、遠い記憶を家のなかに漂わせる。

おそらく家の記憶の、いちばん遠いところは、幼年時代にあるだろう。幼い頃の記憶のなかでは、どんな家も大きい。椅子もテーブルもすべて、手に届かないほど大きかった。そしてすべての家具は、遊ぶためにあった。塚本かおるがつくる家具には、そんな幼年時代の記憶が宿っているように思える。Rocking Hanger に掛けた服は、ゆり椅子でくつろいでいるように揺れる。額縁つきの椅子 Personal Public Chair に掛けられた服もまた、幸せそうに見える。この椅子は、表は家具で背中は芸術という、「リビング・ファニチャー」展を象徴するような作品である。
　ハンガーがゆり椅子と結びつき、椅子が額縁と合体するのは、アーティストのひらめきであるが、それがもたらす感覚は、どこかで家具と遊んだ幼年時代の記憶と結びついているのではないだろうか。木馬にのった服がゆっくりと揺れるリズムのなかには、あるいは洞窟のなかで最初の家具を遊びながらつくりだした、人類の幼年時代のはるかな記憶も宿っているだろう。未来の家の匂いは、思わぬ方向からやってくるかもしれない。

（「リビング・ファニチャー」展は二〇〇六年に開かれた釜山ビエンナーレの参加展覧会である。海雲台ビーチの一角に建てられた特設パビリオンを「家」に見立て、食堂、居間、寝室、書斎などの部屋を日本、中国、韓国の若手アーティストとデザイナーが、それぞれの作品で作り上げた。参加アーティスト二五〇名以上の展覧会は多くの観客で連日満員となった。この文章は韓国語と英語で発行された公式カタログのオリジナルである。）

活字再生

記憶から創造へ

グーテンベルグからグーグルへ――印刷の世紀からデジタルデータの世紀への大変革を簡単に言い表すと、そうなるかもしれない。世界最古の印刷所のひとつフランス国立印刷所の活版部門を撮影したおりにも、似たような言葉を耳にした。二〇〇四年に撮影したが写真集として刊行した時には、五〇〇年の歴史を刻んできた印刷所は閉鎖・移転され、それを報じるパリの新聞にはグーグルによる世界の書物のデジタル化計画も掲載されていた。だが最近わたしは、この図式的なフレーズを疑いはじめている。金属活字が意外な場所で復活の兆しを見せているからである。

サンジェルマン・デ・プレの一角にLibrairie Nicaiseという名の変わった書店がある。それほど大きくはないが、棚に入っている大小さまざまな本は、どれも手にとって開きたくなるようないい感じなのだ。中を見るとほとんどが活版で印刷されている。といってもセーヌ

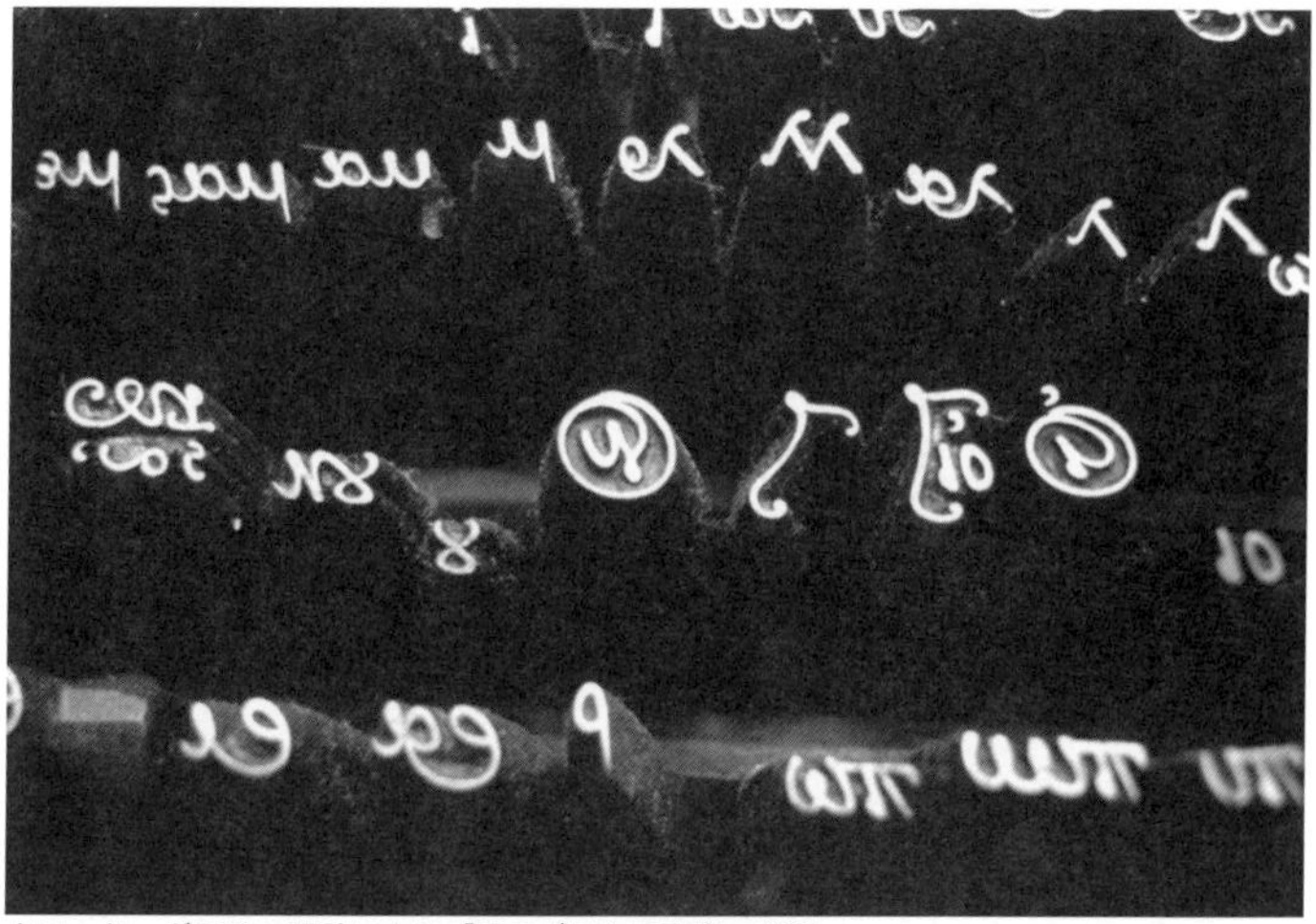

クロード・ガラモン設計による「王のギリシア文字」父型

河岸で見かける古本屋とは違い、ここでは新刊書も扱っている。立ち読みしながら奥を覗いて、あっと声をあげた。書店の主人ピエールさんは、五年前に国立印刷所で見かけて以来だったからだ。

フランス国立印刷所は、アルファベットをはじめ数々の文字をつくってきたところでもある。たとえば欧文書体として世界的に有名な「ガラモント」は、初代活字彫刻家のクロード・ガラモンがフランソワ一世のために彫った書体を起源としている。彼はその彫刻部門の最後の若き職人だった。そこで歴史的な書体を身につけた彼は、閉鎖後に独立しあえて活版専門の書店を始めたのである。

少なくなったとはいえ、まだがんばっている活版印刷所はある。彼は仲間をつのり、今年になって出版も開始した。小部数だが、どれも質は高い。木の大きなテーブルに、赤ワインのボトルが載っている。これもいいですねと言うと、若い詩人に与えられるアポリネール賞の副賞用記念ボトルで、そのラベルの印刷を活版で請け負っているのだった。

国立印刷所には世界七〇以上の言語の金属活字が保管されていたが、その印刷部門の見習いで働いていたフレデリックさんも、やはり閉鎖後に独立していた。彼女はアラビア文字やヘブライ文字の組版を習っていたが、ラテンアルファベット以外のさまざまな文字の知識を生かして、タイポグラフィーや簡易印刷のワークショップを子どもや一般向けに行っている。三〇代の若い職人たちが、新たな活路を見出しているのだ。

それはヨーロッパだけではない。写真集『文字の母たち』の中国語版が出版された折のことだ。送られてきた台湾版を開いて、思わず目をむいた。扉の部分が活版印刷だったのだ。出版記念展の準備でまっさきに訪れたそこは、台北駅に近い路地にある「日星鋳字印行」だった。金属活字が並ぶ棚も、母型が収められている引き出しも、パリや東京で見ていたものとそっくりである。だが最後の活版印刷所を営む張介冠さんの活動だけは違っていた。

一九六九年に先代が開始した印行には、明朝、楷書、ゴシックと三つの書体があるが、特に「正統楷書体」と呼ばれる書体の母型の完全なセットが残されている。張さんは、いまそのすべての文字を活版とコンピューターの両方で使えるように母型をスキャンし、データ化

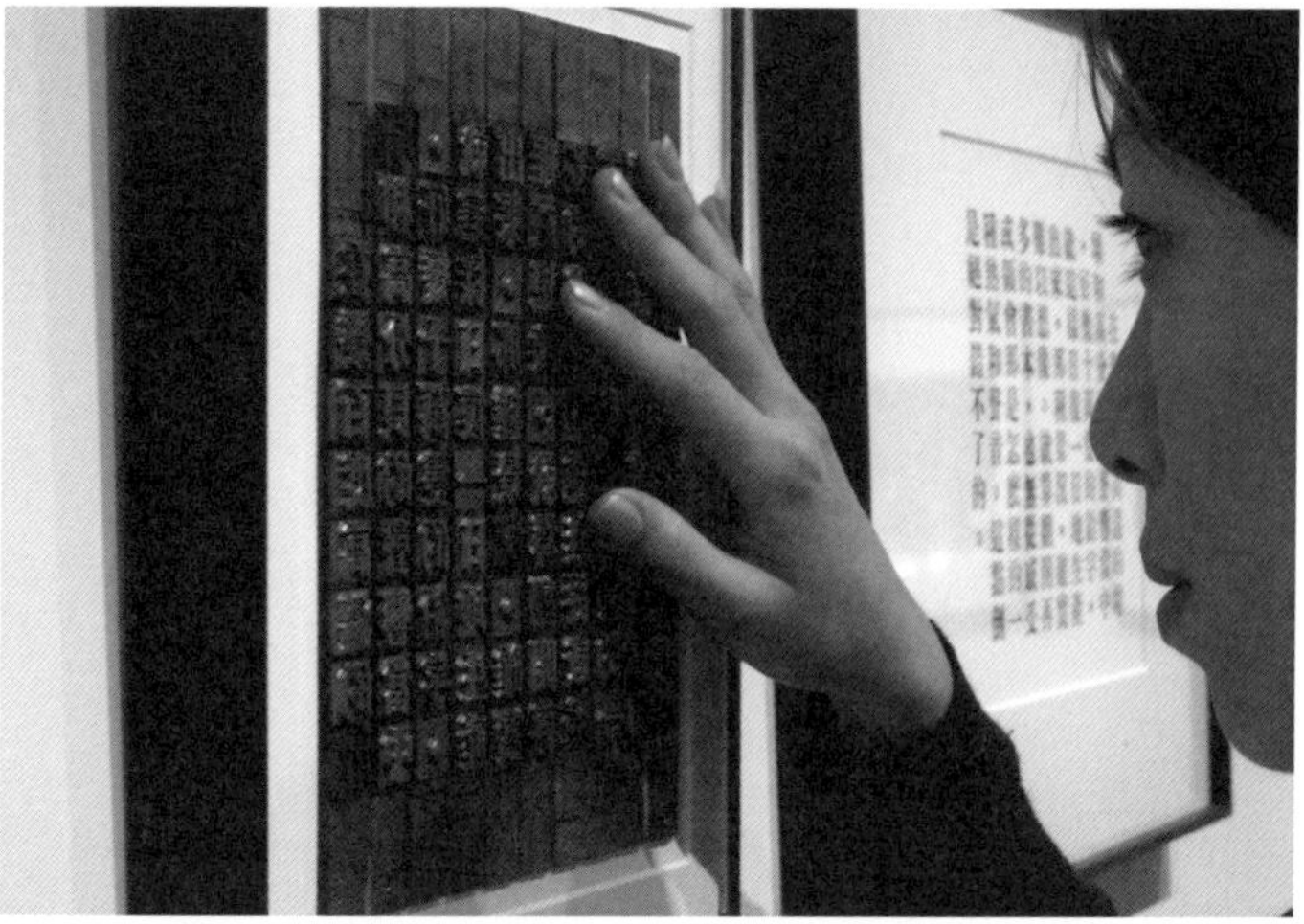

日星鋳字の活字を使った作品（1839 コンテンポラリーアートギャラリー、台北、2009 年）

をすすめているのだ。この「日星復刻計画」を支援しているのも、グラフィック・デザイナーや版画家、児童書書店の店主など若い世代が中心である。いまのワープロ用文字にはない、美しい漢字のＤＮＡを引き継ぐ試みと言っていいだろう。

わたしは台北展の新作として、その正統楷書体で組まれた金属活字の作品を張さんに依頼した。印刷ではなく、組まれた活字そのものを展示する試みである。会場を訪れた人々は、日本の活字とはやはり違う、重厚な書体の金属に触れ驚いていた。最近その仲間たちから送られてきた写真は、活版が一部の愛好家だけの話ではなく、台湾文化にとっての意味を感じさせるものだった。張さんの工房で、彼が操作する鋳造機を熱心に見つめているのは、馬英九総統だったのである。
日本の若い世代のあいだにも、活版が静かなブームだとしばらく前から伝えられている。そこには『銀河鉄道の夜』で描かれているような過去への懐かしさも含まれていようが、以上のようなフランスや台湾での動きは、ノスタルジーとはまったく異なるものである。金属活字に新しい魅力を発見し、それぞれの文化のなかで生かそうとしているからだ。

今年大阪にあるブック&カフェ「カロ」のギャラリーで開かれたアーティストの澤辺由記子さんの作品は、東京板橋区にある活版印刷所「内外文字印刷」にある活字から作られていた。活字が整理されている棚は、日本でも台湾でも馬棚と呼ばれる。作品「活版レシピ」はその馬棚の構造を独自な方法で再現していたが、それがピンクやブルーの蛍光色なのである。そのすこし挑発的で明るい色調は、懐古とは反対方向を目指す世界の「文字の娘たち」に共通する感覚かもしれない。

おそらくこれらは、文字もイメージも音も、すべてがデータ化された時代の後に来る、創造性のひとつの方向であろう。彼らはみな母型に熱い心を流し込み、物質と情報を結合しながら、明日の記憶をつくろうとしている。文字をめぐる旅をつづけながら、ポスト情報化時代の面白さがすこし見えてきたように感じている。

おわりに

ランドネの道

山が近くにある――日本に住んでいてよいと思うことのひとつである。東京のように関東平野の端にあるところからでさえ、電車で一時間もあれば山登りができる。パリではこうはいかない。わたしの好きなグルノーブルの山々へ行くには、高速鉄道でさえ三時間かかる。登山家ではないけれど、駅を降りて山が間近に見えると、ふと心が軽くなる。巨人のようにそそり立つ岩山に囲まれると、肩の力が抜けてくる。都会の直線的な時間と空間に疲れたとき、なんとなく山の稜線が見たくなるのは、心がそう求めているからに違いない。

フランス語にはランドネという言葉がある。辞書を引くと「遊歩道」と出ているが、いわゆるプロムナードのような都会の遊歩道ではなく、野山を行く道のことを指す。本格的なアルピニズムよりは易しく、日常的な散歩よりは長く困難で、ガイドブックでは星の数でランドネの難易度を示していたりする。週末にデイパックを背負ってアルプスの谷間を歩いている人々は、ランドヌールである。意味としてはハイキングなのだが、言葉の成り立ちは多少違う。

語源となる「ランドン」は、たとえば狩猟用の古い表現では、もともと獲物を追い詰めることを意味していた。山のなかで狩人と猟犬に追われて必死に逃げる動物は、こちらが予期しない方向へと走ってゆく。ランドネは、もともと用意された道ではなく、獣が本能的に選んでゆく、道なき道なのだ。

いっぽう英語では「ランダム」という語が、獲物の予測のつかない動きや走り方から、「偶然」を意味するようになった。「ランドネ」も「ランダム」も、人間に追われる動物の動きのイメージから派生している。それは自然と人間のあいだに発生する直線的ではない時間と空間であり、予測のつかない動きである。

近代的な合理主義は、出発地と目的地とを最短距離で結ぼうとする。それは直線の道であり、常に最適化された均衡を求める道である。わたしたちの生活の多くの部分は、そのようにして求められた道でできているが、しかしランドネという語が示すように、人類の歴史の大部分をつくってきたのは、実はそれとは別の道である。狩人や漁夫の眼差しは、必ずしも最短の経路を向いてはいない。彼らは自然のなかにあるさまざまなシグナルや痕跡を感じ、経験を通して分別し、言うなれば感性と理性とが統合された思考によって、目的を遂行する。

そうした感性がなければ、動物の経路を見抜くことはできないし、潮と風を予測することは不可能だろう。そしていま人類は、自然と人間との均衡を保ってきたのは、直線の道ではなく、感性の道ではなかったかと自問しはじめている。

山に直線はない。ランドネの道をたどれば誰もが知るように、山はそのかたちと大きさを常に変えつつ現われる。鹿やイノシシが出てこなくてもいい。歩いているうちに、それはわたしたちの身体に刻まれ、わたしたちが辿ってきたのとは、また別の道を指し示す。

そのような歩行は、本書に収められた文章のなかにも隠れているかもしれない。写真を撮り、本を読み、あるいは展覧会をつくるためのさまざまな旅のなかで考えたことや感じたことがベースとなって、これらのエッセイは生み出された。まとめるにあたり、いま書物の世界に起きている大きな変化とその背後にある社会の高度情報化あるいはポスト情報化の視点を中心に置くことができたのは、『新編　第三の眼』と同じく、せりか書房の船橋純一郎さんによる的確なディレクションがあったおかげである。それぞれの文章でお世話になった編集者の方々も含めて、心から感謝したいと思う。

二〇〇九年　東京

港千尋

初出一覧

「書物の変」（書き下ろし）
「図書館化する世界」（『エスクワイア』二〇〇九年二月号）
「文字と印刷」（『情報メディア学入門』伊藤俊治編　第3章　オーム社　二〇〇六年）
「開架式の旅」（『図書館の学校』図書館流通センター）
「言葉の筆」（『未来』未来社　二〇〇六年六月号）
「拡張する書物」（カン・アイラン個展パンフレット　アートフロントギャラリー　二〇〇七年）
「活字の娘」（『たまや』第4号　山猫軒）
「内なるグリッド」（『季刊デザイン』第2号　特集グリッド　二〇〇二年に加筆）
「モネータと馬」（書き下ろし）
「自然のブラックボックス」（『現代思想』災害特集　青土社　二〇〇六年一月号）
「テルミヌスの変身」（『季刊 CEL』第54号　二〇〇〇年　大阪ガス）
「琥珀の心」（『ART IT』特集記憶のアート／消滅のアート　二〇〇九年四月号）
「感性と知性のボーダレス」（紀伊國屋書店　ifeel）
「情報と感染学」（『現代思想』特集ウイルスとの遭遇　青土社　二〇〇三年七月号）
「擬似群衆の時代」（書き下ろし）
「見えない家具の芸術」（韓国釜山ビエンナーレ「リビング・ファニチャー」展カタログ（初出は英語と韓国語）二〇〇六年）
「活字再生」（日本経済新聞　二〇〇九年九月二〇日朝刊）
「ランドネの道」（『季刊ネイチャーインタフェイス』第5号　二〇〇一年）

著者紹介

港　千尋（みなと　ちひろ）
1960年　神奈川県生まれ
1984年　早稲田大学政治経済学部政治学科卒業。在学中にガセイ南米研修基金を受け、南米各国に長期滞在
1985年よりパリを拠点に写真家・批評家として活動を開始
1995年より多摩美術大学に着任、現在情報デザイン学科教授
2007年、第52回ベネチア・ビエンナーレ日本館コミッショナーに就任

主要著書

『記憶――「創造」と「想起」の力』（講談社、1996、サントリー学芸賞）
『映像論――〈光の世紀〉から〈記憶の世紀〉へ』（日本放送出版協会、1998）
『写真という出来事――クロニクル1988―1994』（フォトプラネット、1998）
『遠心力――冒険者たちのコスモロジー』（白水社、2000）
『自然　まだ見ぬ記憶へ』（NTT出版、2000）
『予兆としての写真――映像原論』（岩波書店、2000）
『洞窟へ――心とイメージのアルケオロジー』（せりか書房、2001）
『影絵の戦い』（岩波書店、2005）
『アンフラマンス　梱包されたデュシャン』（共著、牛若丸、2006）
『つくる図書館をつくる』（編著、鹿島出版会、2007）
『岡部昌生 わたしたちの過去に、未来はあるのか』（編著、東京大学出版会、2007）
『創造性の宇宙 universe of interaction』（編著、工作舎、2008）
『HIROSHIMA 1958』（共著、インスクリプト、2008）
『愛の小さな歴史』（インスクリプト、2009）

主要写真集

『波と耳飾り』（新潮社、1994）
『明日、広場で――ヨーロッパ1989―1994』（新潮社、1995）
『瞬間の山――形態創出と聖性』（インスクリプト、2001）
『In-between 2 France, Greece』（EU Japan, 2005）
『文字の母たち Le Voyage Typographio』（インスクリプト、2007）
『レヴィ=ストロースの庭』（NTT出版、2008）

主要映像作品

『知性と感性の調和のために――クロード・レヴィ=ストロース』（2000）
『変身の山』（2002）
『チェンバレンの厨子甕』（2005）

主要展覧会

『赤道』（コニカプラザ、1991　第1回コニカプラザ奨励賞）
『Continental=Drift』（パルコギャラリー東京、1992）
『ヨーロッパ、ヨーロッパ』パストレイズフォトギャラリー、1994）
『はるかな空の下で』（東京都写真美術館、1992）
『影の境界』（モントリオール文化センター、1995）
『建築デザイン会議』（横浜ランドマークタワー、1995）
『移動する聖地』展（インターコミュニケーションセンター、1998　森脇裕之・ヲノサトルとのコラボレーションによる複合メディア・インスタレーション《記憶の庭》で同年のマルチメディア・グランプリ・アート部門大賞）
『潜在の書』（ITEM／パリ、1998）
『潜在の生』（IDEM／パリ、1998）
『livre latent』（スロヴェニア国立現代美術館、1999）
『世界の木霊』（愛知青少年公園、2000）
『ネットコンディション』（インターコミュニケーションセンター、2000）
『予兆』（パストレイズフォトギャラリー、2001）
『ひとつの山はすべての山』（爾麗美術、2001）
『野生の思考』（東京日仏学院、2001）
『写真160年記念展』（グラヴリン市立美術館、2001）
『サイト site/sight』展（東京国立近代美術館、2002）
『傾く小屋』展（東京都現代美術館、2002）
『市民の色』（ニコンサロン、2005　伊奈信男賞）
『Augustine』（Photographer's Gallery, 2005）
『Attingendo Memorie』（Gallery Q, 2007）
『日本現代美術展』（ヘイリ、韓国、2007）
『Beyond Language』（SOKA ART SPACE、北京＆台北、2007）
『第3の自然』（1839現代芸術ギャラリー、台北、2009）

主要コレクション

フランス国立図書館
東京都写真美術館
グラヴリン市立美術館
ニューヨーク近代美術館アーカイヴ

書物の変——グーグルベルグの時代

2010年2月10日　第1刷発行

著　者　港 千尋
発行者　船橋純一郎
発行所　株式会社せりか書房
東京都千代田区猿楽町 1-3-11　大津ビル 1F
電話 03-3291-4676　振替 00150-6-143601
http://www.serica.co.jp
装　幀　間村俊一
印　刷　信毎書籍印刷株式会社

ISBN978-4-7967-0294-2